Mon enfance,
quelle histoire !

La collection ***L'Atelier de l'enfance***
est dirigée par Catherine Lalanne

Franck Ferrand

Mon enfance, quelle histoire !

Entretiens avec Catherine Lalanne

bayard

(Les photos reproduites en fin d'ouvrage proviennent d'archives familiales)

18, rue Barbès, 92128 Montrouge Cedex (France)
ISBN : 978-2-227-49490-9

À mes amis d'aujourd'hui,
presque tous absents de ce livre,
cet aperçu d'un hier qu'ils ignorent.
F. F.

À mes parents instituteurs,
éveilleurs et pédagogues.
C. L.

Préface

Entrer en confidence

Le premier métier que j'aie jamais exercé consistait à recueillir les témoignages d'anciens combattants pour les consigner dans des archives militaires. Par la suite, j'ai proposé le même service à la société civile et pour cela fondé, avec mon ami Thibaut, une officine d'écrivains publics, dédiée à la collecte de souvenirs. C'est dire si je mesure depuis longtemps la difficulté de restituer l'infinie complexité d'une existence — et spécialement lorsqu'il s'agit d'évoquer la période fondatrice de l'enfance et des années de formation. Quels souvenirs choisir parmi des centaines, sous quel angle les évoquer pour ne pas trahir la vérité, à quelle lumière les exposer ? Entrer en confidence n'est pas chose facile.

Lorsque Catherine Lalanne m'a fait l'amitié de songer à moi — après Éric-Emmanuel Schmitt et Yasmina Khadra — pour le troisième volume de sa belle collection, L'Atelier de l'enfance, la conscience aiguë de la tâche m'a d'abord découragé. Puis j'ai réalisé la chance qui m'était offerte, et compris que ce pouvait être prétexte à faire retour et rendre grâce — jolies formules d'antan —, tout en résolvant, au passage, de vieilles énigmes en souffrance… La cinquantaine révolue, l'heure venait peut-être, après tout, de sacrifier à l'anamnèse. Histoire d'entrer dans l'âge mûr un peu plus léger, un peu moins encombré — disponible en somme.

Le fruit de ces entretiens devant être édité, se présentaient tout de même deux périls. Tout d'abord, le risque de l'impudeur ou de l'indiscrétion. Avouerai-je qu'au vrai, celui-ci ne m'a pas longtemps retenu ? Je connais trop Catherine, j'ai trop eu d'occasions de constater sa délicatesse extrême, pour ne pas lui faire une confiance aveugle. J'ai su dès le premier instant que je pourrais compter sur elle pour me protéger même contre les excès de ma propre franchise ! Demeurait le second danger, autrement redoutable : en privilégiant telle ou telle anecdote, en évoquant tels parents plus que d'autres, en citant tel ami au détriment d'un plus proche, ne risquais-je pas de blesser mon entourage ? « Pourquoi elle et pas moi ? Mais comment a-t-il pu m'oublier ? » Je veux donc dire, du fond du cœur, à celles et ceux qui ne se trouveraient pas dans ces pages que cela ne signifie en rien qu'ils ne seraient pas dans mon esprit ni dans mon cœur.

Le reste était affaire de maïeutique… Mon interlocutrice est incomparable en cet art, et je suis, au final, le premier étonné de tout ce qu'elle a pu extraire de ma mémoire. Le plus fort est que, de cette somme d'expériences particulières, elle ait su tirer des considérations générales ; les histoires privées de Franck Ferrand n'avaient d'intérêt que si elles pouvaient entrer en écho, en résonnance, en correspondance avec l'histoire de chacun ; c'est, je crois, la réussite de cet ouvrage, et son utilité peut-être, que de dépasser ma personne pour tendre à quelque chose d'universel. Je me dis que si, au bout du compte, nous avons aidé un lecteur, une lectrice, à mieux se comprendre, nous n'aurons pas en vain dépensé cette énergie.

Un jour que, dans les salons d'une base aérienne, j'enregistrais les confidences d'un ancien pilote de chasse, il m'a fait signe, tout en parlant, d'appuyer sur la touche « pause » du magnétophone. D'une voix soudain assourdie : « À quoi bon vous raconter tout cela ? m'a-t-il demandé, comme s'il émergeait d'un rêve. Cela n'intéressera jamais personne ! — Détrompez-vous, ai-je répondu ; vous parlez peut-être pour un auditeur qui n'est pas encore né, mais qui vous saura gré d'avoir sauvé du néant cette mémoire que vous nous confiez. » Il m'a paru un peu rasséréné ; j'ai relancé l'enregistrement et lui, a repris le fil de son propos… Tant d'années après, je m'adresse à moi-même ces mots confiants ; et je veux croire qu'en effet, il en est parmi vous qui trouveront dans ces pages un encouragement à tracer leur propre route.

Franck Ferrand

Chapitre 1

La maison des courants d'air

Dans son refuge normand de la Côte fleurie

Ce premier samedi de juin 2018, Franck Ferrand m'invite à la plage, sur son lieu de villégiature. La veille au soir, malgré la grève perlée du rail, nous avons réussi à prendre, gare Saint-Lazare, le dernier train pour Deauville. C'est donc de nuit que je découvre sa retraite marine, la mer miroitant sous la lune, la plage striée de lignes d'encre tracées par le pinceau des vagues. Accueillie dans un décor d'estampe japonaise, j'ouvre les yeux le lendemain au pays des impressionnistes : l'étage vitré de la maison normande est envahi par le ciel et l'eau ; la lumière brosse des touches d'or sur le parquet de chêne foncé du salon, danse sur le carrelage rétro de la cuisine.

Reçue la veille par Hokusaï, réveillée ce matin par Boudin et la promesse de deux jours d'entretiens dans l'écrin d'une extraordinaire cabine de bains. L'aventure commence bien…

D'emblée, Franck installe les deux fauteuils bateau du salon face à la mer et dessine une perspective à notre conversation. Lovés entre les bras confortables des sièges, aspirés par l'azur, nous larguons les amarres. Sur la ligne d'horizon, les porte-conteneurs se succèdent pour aller déposer au Havre leur cargaison du bout du monde. À nos pieds, les vagues montent et descendent avec une régularité hypnotique. Dans cette serre baignée par les flots, les souvenirs peuvent déferler, l'enfance submerger l'âme, la mémoire scruter, sur le sable, l'empreinte du temps passé.

Franck : Autant j'aime l'air, la mer, les éléments, autant j'ai besoin d'un abri pour créer. D'un nid… Si j'osais, je ferais référence à Victor Hugo dans son exil de Jersey, écrivant face au grand large sous la véranda de Marine Terrace. J'aime en tout cas cette sensation du « dedans-dehors ». Ici, le salon, la cuisine, la chambre, la table d'écriture possèdent une vue plongeante sur la mer. Ainsi protégé, entouré des meubles et des objets que j'ai chinés, je peux profiter du spectacle des marées sans me sentir livré aux vents, balloté par eux. Il m'arrive même, l'hiver, de descendre dans la nuit au salon, toutes lumières éteintes, et de rester de longues minutes à regarder la tempête. Être tout à la fois au sec et au cœur des embruns. Entre le « clos » et le « béant ».

Il faut vous dire que j'ai grandi dans une demeure ouverte à tous les vents — au sens figuré, certes, mais je ressentais cela physiquement. Nous vivions autour de la boutique de mes parents : aucune frontière dès lors entre travail et vie privée. Notre pièce à vivre, celle où nous prenions nos repas, était coincée entre la boutique de mon père et le laboratoire où se préparaient les salaisons. Juste au-dessus, les deux chambres n'étaient séparées que par une porte.

Et le comble, c'est que cette petite maison sans cloison, sans séparation pour ainsi dire, était régulièrement prise d'assaut par la famille, les voisins et même les clients ! Il arrivait fréquemment qu'un retardataire vienne réclamer un steak à mon père alors que nous étions à table, en plein dîner. Pas plus d'horaires que de frontières. Impossible de s'isoler. J'en étais venu à rechercher la solitude comme un insecte son passage vers la liberté.

Au moins, chez nos grands-parents maternels, nous disposions, mon frère et moi, d'une chambre à nous, comme un havre où nous retrancher. Un luxe inouï à nos yeux. Aujourd'hui encore, quand je rentre chez moi le soir, à Paris, je ressens comme un soulagement de pouvoir refermer la porte sur l'agitation du monde. Goûter le silence et la solitude… L'intimité, si naturelle pour la plupart, est donc un luxe pour moi ; la promiscuité, une véritable violence.

D'ailleurs, à la radio aussi, j'aime recréer ma bulle. Je privilégie les studios un peu à l'écart et fais baisser l'intensité de leur éclairage ; je reconstitue le salon tranquille où convoquer en confidence Talleyrand, Mme de Sévigné, Montaigne… Où parler d'eux presque à voix basse.

Catherine : Ce ton feutré, confidentiel, qui donne un charme si personnel à vos récits radiophoniques, ferait donc écho à la soif d'intimité de votre enfance ?

Vous êtes en train de suggérer que ma connivence avec les auditeurs serait liée à mes premières années dans la maison des vents ? Catherine, vous m'ouvrez des perspectives ! *(Il rit avec un rien d'affectation mais je le sens intéressé par l'hypothèse.)* En tout cas, c'est ma façon de faire. Chacun la sienne… Ayant un temps travaillé dans l'ombre de Pierre Bellemare, la tentation m'est venue, dans les débuts, de m'inspirer de son style… J'ai même copié ses célèbres silences — mais cela n'était pas naturel. Ce n'était pas moi ! Et à la radio ce qui est fabriqué ne passe pas. Cela me rappelle la formule de Marcel Proust expliquant au jeune Lucien Daudet que « le naturel a des grâces inouïes, la simplicité, des charmes ineffables »…

À l'antenne, lorsque je reçois des invités, j'applique ce ton de connivence à nos entretiens. Rarement de questions. Je formule une idée, laisse ma phrase en suspens et c'est généralement l'interlocuteur qui enchaîne, tout naturellement ; ce n'est donc pas une interview à proprement parler, mais un échange de vues à bâtons rompus. Face à un spécialiste de Catherine de Médicis, je ne demande pas : « Expliquez-moi, éclairez-moi ; quel était donc le caractère de la reine ? » Je préfère entamer la conversation : « Entre nous, la reine Catherine avait des hauts et des bas, n'est-ce pas ? » L'auditoire se sent dès lors convié, en tiers, à l'échange.

Ce qui ne veut pas dire que tout le monde apprécie ce style ! Un jour un auditeur caustique a appelé le standard pour dire : « Que Ferrand arrête de dire "entre nous" car nous sommes des milliers à l'écouter ! » Je regrette, mais pour moi, l'on n'est jamais des milliers ; je tiens à ce que les choses demeurent confidentielles — intimes, c'est bien le mot ! Loin du grand vent et des courants d'air !

La radio rend possible ce lien intime avec l'auditeur ; la télé, moins...

C'est plus difficile, car — et c'est un paradoxe — l'image contraint l'imaginaire. Tout de même, dans *L'ombre d'un doute*, sur France 3, durant la dernière saison, j'avais fini par obtenir aussi une forme d'intimité avec le téléspectateur. Nous avions pris nos quartiers à l'hôtel de Soubise, à Paris, dans ces Grands Dépôts des Archives nationales aménagés sous Napoléon III, devant la mythique « armoire de fer » où reposent les documents les plus importants de l'histoire nationale... Nous avions habillé les lieux de lumières ambrées, j'avais troqué le costume sombre du présentateur pour des vestes de velours tout à fait confortables ; et je m'adressais doucement aux gens, sans forcer la voix. Nous étions entre nous, dans un lieu préservé. Forts d'un rapport intime au passé.

Les audiences ont dû monter en flèche...

Je ne dirais pas cela, hélas... *(Je ne saurais dire si son sourire est malicieux ou simplement poli.)* Certes nos audiences étaient plus que correctes ; mais cette atmosphère un peu trop feutrée cadrait mal avec ce que l'on attend d'une émission en « prime time », où l'on parle à la cantonade, dans des espaces ouverts et pour un public indéfini. Le style et le ton de l'émission me plaisaient, mais c'étaient sans doute un ton, un style mieux adaptés à une « seconde partie de soirée »...

Dans la matinée, nous avons fait le marché à pied, nous approvisionnant en fruits, légumes, crustacés et champagne rosé. Il est midi et nous croquons, en guise d'apéritif, quelques radis aussi roses que les bulles qui pétillent dans nos verres.

Franck : Pardonnez-moi, je ne vous ai pas proposé de coupelle pour déposer les fanes des radis.

Catherine : Merci, mais je n'en ai pas besoin, je les mange !

Franck : Vous avalez le vert ?

Catherine : Oui car c'est là que se concentrent les vitamines.

Franck : Alors je vais essayer moi aussi ! Il faut que je me prépare à manger des racines...

Franck rit tout seul de sa remarque. Quelques jours plus tôt, la direction d'Europe 1 lui a fait savoir qu'elle ne souhaitait pas reconduire sa quotidienne à la rentrée. L'émission, pourtant, était devenue presque une institution ; elle venait même d'être couronnée par les Lauriers de l'Audiovisuel ! Ainsi vont les médias... L'annonce de la nouvelle sur les réseaux sociaux a déclenché une vague de protestation importante, des réactions par milliers, mêlant témoignages anonymes et messages appuyés de personnalités.

Dans le train, en venant, Franck m'a montré avec fierté la missive de soutien du président Giscard d'Estaing ; il a aussi glissé sous mes yeux une lettre plus modeste, mais pas moins touchante.

Connaissant votre goût pour le grand public et les cœurs simples, Catherine, je pense que cela devrait vous émouvoir.

Je lis :

Bonjour M. Ferrand.

Par ce mail je vous fais parvenir ma tristesse et ma future nostalgie.
Depuis 2011 j'exerce le métier de facteur. Métier que j'aime, et qui m'a permis de vous découvrir. En effet au gré de mes tournées, un rituel s'imposait, vous écouter,

toujours avec le même plaisir, à 14 heures. Au point que vous étiez devenu mon meilleur compagnon de route. Aujourd'hui j'apprends que votre émission va s'arrêter, et triste hasard, que je vais perdre aussi ma tournée chérie. Le jeu des restructurations de la Poste et les nouvelles stratégies d'Europe 1 ne me laissent pas le choix. Je suis doublement triste et déjà nostalgique de ces trajets à vos côtés, en toute saison, avec votre voix qui m'accompagnait chaque début d'après-midi. Je voulais vous remercier, M. Ferrand. Mes larmes sont celles d'un de vos fidèles auditeurs, malheureux de voir partir un petit morceau de sa vie.

L'expression voilée de mon interlocuteur trahit son émotion et je me garde de tout commentaire. Franck Ferrand a passé deux semaines entières à croiser le fer avec la direction d'Europe 1, écartelé entre l'annonce de son départ et les propositions spontanées de deux stations concurrentes. Galvanisé par la passe d'armes, il n'a guère laissé parler ses sentiments. Mais à présent, libéré de la mêlée, revenu à l'abri de son refuge normand, il pose son costume de scène et laisse ses sentiments affleurer. Dehors les mouettes dessinent des arabesques sur la plage ; nous les observons en silence, méditant chacun de son côté sur l'impermanence des choses.

S'entretenir avec Franck Ferrand, c'est accepter d'emblée les digressions, les détours. Intégrer les développements qu'exige sa mémoire scrupuleuse du détail, consentir aux escales narratives que sa fantaisie improvise. Une idée en appelle une autre, une anecdote, un souvenir, semblant emporter le conteur loin du propos initial pour mieux l'y ramener et le soutenir. Les fanes de radis et le courrier du fidèle auditeur illustrent, avec pudeur, la violence de l'éviction et la gratitude envers le conducteur de la camionnette jaune. Même s'il joue les détachés, l'homme de médias est touché au cœur, réconforté par la vague nationale de solidarité que sa disgrâce a suscitée. Le lien de qualité noué par le conteur avec son auditoire semble même s'être resserré dans l'épreuve. Et cette fidélité lui procure une sérénité manifeste. Je reprends le fil de notre conversation.

Au théâtre aussi, j'imagine, vous cultivez ce lien d'intimité avec votre public.

Et comment ! Je transporte ce besoin viscéral jusque sur les planches ! L'idéal étant, pour cela, les salles dites « à l'italienne ». Récemment, je me suis produit dans le joli théâtre de Chartres, édifié en 1861. Les rideaux rouge rubis, l'atmosphère ouatée, typique de l'opulence du Second Empire, pour ne rien dire des sièges tout proches… Jouer dans un tel écrin est un cadeau. J'aime le grand rideau, les pendrillons, le manteau d'Arlequin — des cadres protecteurs en somme.

Ce rideau vital, au théâtre, c'est la porte qui vous a manqué, petit ?

Qui sait ? En tout cas, ce rideau, c'est la coupure symbolique entre le monde réel et le monde sublimé, autant dire l'essence même du spectacle. Quand il s'ouvre, beaucoup pensent que l'artiste vient à la rencontre du public. Pour ma part, je vis les choses autrement : je fais plutôt venir le public vers moi, en l'admettant, l'invitant dans mon intimité. Je parle d'ailleurs assez bas, d'où la nécessité d'un micro. *(Il baisse le ton et poursuit l'entretien en sourdine pour mimer la scène.)* Le public comprend d'instinct ce qu'il se passe, tend l'oreille et se met au diapason ; la complicité s'établit. Nous sommes entre nous.

N'oublions pas l'importance du rideau avant le spectacle, lorsqu'il est encore baissé — les gens de théâtre disent qu'il est encore « chargé ». Plusieurs minutes avant de l'« appuyer », j'aime m'asseoir sur la scène, abrité derrière sa fine paroi vibrante, à écouter le brouhaha du public encore tout à ses préoccupations… Je m'imprègne de cette rumeur qui me stimule.

J'invoque toujours alors trois figures tutélaires : Alain Decaux et André Castelot, mes maîtres, dont je visualise la silhouette au loin, côté jardin ; et là, côté cour, celle de ma mère. Dès que j'ai peuplé la scène encore sombre de cette triade bienveillante, le spectacle peut commencer. Dans le cas contraire, je rate mon entrée

— or, l'entrée, dans un spectacle comme dans une maison, est essentielle.

Toujours ce besoin de maîtriser l'espace qui fonde votre relation au monde !

Sans doute… De même qu'un théâtre digne de ce nom doit lever le rideau, un véritable appartement devrait posséder un vestibule et une antichambre… L'idéal est de disposer en effet d'un espace symbolique servant de sas vers l'intériorité. Mon pied-à-terre normand possède deux portes d'accès ; je ne choisis jamais la plus évidente, celle de la cuisine, contrairement à la plupart de mes invités. Moi, je préfère effectuer quelques pas de plus jusqu'à la véritable entrée. Mon ami le décorateur Jacques Garcia m'a appris que le premier contact avec un intérieur déterminait « le mental du visiteur ». Quand on lui confie un appartement, il accorde le plus grand soin au vestibule, et n'hésite pas à réduire une bibliothèque ou un salon pour l'étoffer.

Ici, au bord de la mer, le vestibule de l'appartement est certes symbolique, mais il existe. On y a d'entrée de jeu vue sur les flots. Un peu comme sur un bateau… Vous ne savez pas encore que j'ai nourri une passion très vive pour les paquebots, entre 18 et 20 ans, après mon premier voyage en Tunisie avec mon oncle Robert. Je l'entends encore me dire *(il prend un air dominant et une voix rocailleuse)* : « Un voyage comme celui-ci commence par une traversée, de préférence sans mal de mer ! » La veille, à Marseille, il m'avait entraîné sur le port de la Joliette, le long des quais où il accostait, enfant, revenant d'Indochine, sur les mythiques paquebots de la Compagnie des Messageries maritimes. Avec son incomparable talent de conteur, il m'avait fait monter par l'échelle de coupée sur ces bâtiments qui sillonnaient les mers du monde, entendre sonner la corne du départ, franchir la Méditerranée, le canal de Suez, l'océan Indien… Gagné par sa passion, je me suis plongé, au retour, dans l'histoire des paquebots en général, et en particulier dans celle de *Normandie.* Je me suis procuré un écorché de ce palace flottant et me suis promené mentalement dans ses coursives ; je connaissais le nom des cabines de première classe, et traversais en rêve le fumoir, la salle à manger monumentale et le jardin d'hiver…

Toutes proportions gardées, j'ai souhaité restituer, dans mon havre normand, l'esprit des « grandes lignes ». Le baromètre de marine et le plafonnier de l'entrée rappellent lointainement les coursives des paquebots ; ils m'évoquent aussi mon grand-père maternel, dont la vie est liée aux chantiers navals de La Pallice, à La Rochelle, et aux cargos. Le menu de *Normandie*, affiché dans la cuisine, et qui a attiré votre regard ce matin, m'a été offert par ma grand-mère paternelle, dont le patron avait été cuisinier sur ce vaisseau mythique… Blaise Cendrars qui avait beaucoup bourlingué comparait les paquebots à des « joujoux de publicité » — mais de grands joujoux clos ! Voyez, Catherine, comme je garde le fil de notre entretien, même si je lis dans vos yeux que vous pensez que je m'égare encore !

Le fil et l'épaisseur. Depuis la demeure des premiers pas sans porte ni séparation, l'intime obsède Franck. Le style du futur chroniqueur, sa longueur d'onde « feutrée » se sont cristallisés sur ce manque d'espace personnel. Dans la maison-boutique régulièrement envahie, le petit garçon cherche désespérément une tanière, une cache. Et ne les trouve pas.

Décrivez-nous la maison de votre enfance, si peu propice à l'isolement mais si chaleureuse, si vivante.

Nous habitions dans le faubourg sud-ouest de Poitiers, non loin de l'ancienne tranchée de ceinture, au 74, rue de la Tranchée — le comble pour un futur historien !

Et pour un petit garçon qui ne rêve que de se « retrancher »...

... et pour le fils du boucher dont le métier est de trancher ! *(Il rit de bon cœur. Un rire plus espiègle que celui du début de l'entretien.)* La boucherie de mon père était une des entrées de notre maison-boutique. J'en revois l'intérieur au centimètre près : trois vitrines, une chambre froide, les murs tapissés de petits carreaux d'inox… À gauche le vaste billot de mon père, décoré d'un petit poisson de carton peint et verni, que je lui avais offert à 4 ans, pour la fête des Pères, et qu'il a conservé, tout rabougri, jusqu'à la fermeture du magasin ; à droite le poste de travail du principal commis et en avant, face à la clientèle, un billot plus petit auquel se mettait ma mère quand elle venait à la boutique — et que j'ai récupéré dans ma cuisine, comme vous le voyez, face à la mer…

Au fond du magasin, une porte toujours prête à s'ouvrir et qui donnait sur l'espace où nous déjeunions : vous l'avez compris, je détestais cette porte jamais vraiment fermée, par laquelle mon père appelait sans cesse ma mère, pour peu qu'il y ait eu du monde. Elle était percée d'une glace sans tain, permettant, depuis la maison, de surveiller la boutique.

Autant dire que notre petite pièce à vivre et sa véranda, prises en sandwich entre le magasin et le laboratoire, n'offraient guère de tranquillité ! Ce rez-de-chaussée en enfilade donnait sur une cour que nous partagions avec des voisins. Enfant, tout m'est prétexte à enchanter ce cadre de travail et à m'en évader : très souvent, après avoir longuement épié, en voyeur, le bavardage de la clientèle derrière ma glace sans tain — déjà le rideau du théâtre… — je franchissais la marche du magasin, avec panache, rêvant que j'entrais en scène. De retour de l'école, je jetais mon cartable et me précipitais à la caisse pour rendre la monnaie, soucieux d'obtenir l'approbation des clients : « Merci monsieur, au revoir madame. »

Sous le porche qui communiquait avec le magasin, le perron de notre « cuisine » devenait une estrade, les premières marches de l'escalier commun me servaient de loge, j'enfilais mon masque, me parais d'une cape, haranguais un auditoire imaginaire… Je dévalais la longue cour sur un cheval de songes, transformais l'arrière de la camionnette de livraison en ambulance de campagne… Seul, le plus souvent, parfois avec un jeune voisin ou, plus tard, avec mon frère et des cousins.

Quant au café tenu par mes grands-parents paternels, *Le Domino*, en centre-ville, il fut mon premier cirque : je m'improvisais dresseur de chiens, faisant sautiller Vodka, leur petit caniche noir, sur ses pattes postérieures, devant des clients plus ou moins goguenards.

Vous multipliiez ces espaces de création personnels pour exister : car d'espace personnel, vous ne disposiez point !

Vous avez raison… À l'étage où je couche, j'entends, les matins de vacances, par la cage d'escalier tout ouverte, ce qui se passe en bas : mon père et le commis s'affairant au magasin, une voisine passée prendre le café, la radio qui crachote sa petite musique… Notre maison, si petite, ne désemplit jamais. Mes parents y reçoivent beaucoup la famille élargie, en dépit d'un manque de place parfois criant. À la moindre occasion — le dimanche, les jours fériés ou de fête — oncles et tantes, cousins, grands-parents viennent se serrer dans le petit coin-repas pour profiter de tablées festives et gourmandes. Nous pourrions nous retrouver ailleurs, dans des lieux spacieux, mieux adaptés à ces retrouvailles. Mais non, c'est ainsi : notre arrière-boutique est le centre de gravité familial, le lieu où l'on se réunit pour festoyer : mon père possède une belle cave, ma mère cultive l'hospitalité à coups de bons plats…

Et pourtant, souvent je me sens pris dans ces petites pièces comme un poisson dans la nasse. Ma seule échappatoire : le petit poste de télé en noir et blanc, fenêtre d'évasion inespérée. J'y suis collé.

Heureusement, quand j'ai eu 10 ans — mon frère Nicolas en avait donc cinq —, soucieux de notre sommeil et de nos devoirs, les parents nous ont réservé la seule vraie chambre, à l'étage. J'ai alors disposé d'un lieu un peu plus calme, à défaut d'être protégé des invasions.

Que faites-vous de ce premier lieu personnel ? Comment l'investissez-vous ?

J'achète un électrophone et mon premier disque de musique classique. Ce qui est sans doute ma façon à moi de me rebeller… On imagine souvent les enfants s'adonnant au rock pour irriter des parents férus d'opéra — dans mon cas, c'est tout le contraire : mes parents n'écoutent que de la variété ; jamais on n'a entendu, à la maison, une note de Vivaldi, de Beethoven, de Ravel. Eh bien j'en ferai le premier combat de mon adolescence ! Mon idole ne sera pas Mick Jagger, mais Herbert von Karajan.

Au collège où je viens d'entrer, plusieurs camarades ont en effet constitué un fan-club du grand chef d'orchestre autrichien. Je me rappelle ma joie, le jour où ma mère m'a confié de quoi acheter, à la Maison de la Presse, le 33-tours de sa version définitive du *Requiem* de Mozart — je devais écouter ce disque presque tous les soirs, jusqu'à l'user…

Nous ne manquons aucune apparition télévisée de notre grand homme. Chez Jacques Chancel au *Grand Échiquier*, au journal de 13 heures avec Yves Mourousi… Il faut dire que le Maître, surnommé le « dieu des dieux », est alors l'équivalent d'une rock-star, marié à un ancien mannequin Dior, pilotant son propre jet, barrant son grand voilier…

Bien plus tard, en 1987, à Paris pour mes études, j'apprends par le hasard d'une incise à la radio que Karajan doit venir pour deux concerts — on n'en fait aucune publicité, le Philharmonique de Berlin se produisant à guichets fermés. Par déduction — presque par ruse —, je parviens à identifier les dates et le lieu des soirées, et à me procurer deux places au second concert, pour la somme rondelette de 800 francs — autant dire mon argent de poche pour un an ! Pourquoi deux places ? Pardi, pour faire le bonheur d'un de mes copains de l'ancien fan-club ! Ma mère, apprenant la chose, va manquer d'humour — je la comprends ; et puisque personne de mon entourage ne veut de ma deuxième place à 400 francs, je vais devoir aller la revendre à la criée, devant la salle Pleyel, le soir du premier concert... J'aurais pu la négocier le double sans aucun problème et financer ma propre folie. Je n'y ai même pas songé.

Mais quel bonheur, ce soir-là, de me trouver au milieu de cette foule en tenue de soirée ! J'avais emprunté à mon père une veste blanche, acquise pour un mariage, acheté une superbe cravate bleu marine, potassé la Deuxième et la Quatrième de Brahms, programme de la soirée. Après un très long silence — silence devenu religieux lorsque s'ouvre la petite porte des coulisses, côté jardin — le maestro apparaît enfin, cassé par l'âge et la maladie, s'agrippant aux dossiers des musiciens pour gagner son pupitre... Puis un tonnerre d'applaudissements. Le chef salue distraitement la salle, lève les mains sans baguette, lance les premières notes d'un mouvement de doigt. Pour reprendre la formule de son directeur musical, Karajan « sculpte la matière sonore ». Je suis transporté. Au-delà de la maîtrise, du talent, du sens aigu de la musique, l'homme possède au point suprême ce qu'on appelle le charisme — et c'est ce qui me fascine chez lui.

J'imagine qu'il y a eu tout de même d'autres occasions d'échapper à la maison des courants d'air. Vous ne partiez donc pas en vacances ?

Les vacances ne font pas partie du vocabulaire des petits commerçants et artisans, Catherine. Et les dimanches où, parfois, nous nous évadions, c'était pour nous retrouver dans un espace plus petit encore que celui de notre maison-boutique. Dans un drôle de mobil-home posé dans un champ de Ré, vers l'entrée de l'île. Mon grand-père maternel l'avait récupéré après l'incendie d'un stock de caravanes, et l'avait fait transporter sur un modeste terrain acquis par mon père. Après quoi il l'avait entièrement aménagé — je pourrais dire habillé — d'acajou verni, à la manière d'une cabine de marine : lits superposés, banquettes autour d'une table amovible, petit bar à la porte galbée… Un bijou Art déco dans un habitacle de résine…

Et comme à Poitiers, toute la famille se pressait pour nous y rejoindre. De nouveau, d'immenses tablées joyeuses se tenaient sur la terrasse de bois attenante. Nous étions parfois douze ou quinze, sous l'auvent ! Et dégustions des crabes, et faisions griller des côtelettes dans la bonne humeur générale. Mon corps emmagasinait ces bonnes ondes, mais mon esprit fuyait cette agitation pour rêver de grands espaces déserts.

Au fond, les seules vraies vacances de mon enfance auront duré une semaine, dans les Hautes-Pyrénées, la semaine du 14 juillet 1972. J'avais 5 ans à peine et je me rappelle le son du torrent, le rire de mon père et de mon grand-oncle, le bavardage de ma mère et de sa grand-tante adorée… Je m'amusais avec ma cousine, de quelques années plus âgée… Nous étions en demi-pension dans une petite auberge près d'Argelès-Gazost, et passions le plus clair de nos journées à sillonner les cols pyrénéens rendus mythiques par le Tour de France. Un pur moment de bonheur…

Brusquement, la serre qui nous protège du vent marin me semble bien fragile. Dehors, la brise s'est levée et fait trembler les vitres de nos confidences. Elle pousse devant elle de gros nuages gris, aux formes étranges. Comme celles qui peuplaient, petits, nos cauchemars nocturnes. L'esthète assis à mes côtés sur la « passerelle du commandant », celui qui fréquente les têtes couronnées et possède le trousseau de Versailles, n'a pas ouvert les yeux dans un palais. Mais il montre, par son incroyable parcours, qu'un petit prince peut naître dans une demeure modeste ouverte à tous les vents. Et ce petit prince de la rue de la Tranchée m'a apprivoisée.

Vous souvenez-vous du célèbre dialogue de Saint-Exupéry ?

« Qu'est-ce que signifie "apprivoiser" ? », demande le Petit Prince au renard.

« Ça signifie créer des liens », répond le canidé.

Ce lien d'intimité qui se noue dès le début de l'entretien, ce lien-là m'engage et m'oblige. M'engage à éclairer le lecteur. M'oblige à préserver l'enfance de celui qui me fait l'amitié de se confier. Car si Franck Ferrand fait, à 50 ans, le pari de la sincérité, il mesure aussi, parfaitement, le risque encouru par cette mise à nu. Pourquoi le célèbre chroniqueur, l'historien qui a ses entrées dans les lieux les plus courus de la capitale décide-t-il d'entrouvrir la porte de la maison des origines ? Qu'est-ce qui pousse le petit Franck à interpeller le grand Ferrand ? Quelle fluette voix du passé demande à être entendue à l'antenne du célèbre présentateur ? Pourquoi le maître des énigmes de l'histoire accepte-t-il de lever — un peu, beaucoup ? — le voile sur son propre mystère ? Pour nous éclairer ou nous égarer ? Nous informer ou nous confondre ? Qu'importe, nous possédons une première clef, celle du logis des courants d'air. Il nous faut maintenant conquérir la deuxième, celle qui ouvre le téléviseur ; vous savez, cette petite boîte, à l'écran noir et blanc, coincée entre la boutique et le laboratoire, et qui a agrandi l'univers du petit Franck…

Francis, père de Franck :
« C'était un petit rêveur »

« "Bravo mon fils ! Tu as été épatant." Le 14 février 2018, la nuit de la Saint-Valentin, Francis Ferrand pénètre, sourire aux lèvres, dans la loge de son aîné, au Casino de Paris. Radieux et électrisé par son one man show, Franck, en grande conversation avec Jean-Marc Dumontet, son producteur, est sur son petit nuage. À peine entendue la voix de son père, l'artiste s'esquive derrière le fils aimant : son père était-il bien installé à la place qu'il lui avait réservée, n'a-t-il pas souffert du dos durant le spectacle, veut-il les clefs de son appartement pour rentrer se reposer ou souhaite-t-il l'accompagner au cocktail ? Francis Ferrand veut rester et voir son fils briller tard dans la nuit. "Je suis fier quand on l'applaudit, fier de l'entendre chaque matin dans le poste et de le voir le dimanche à la télé." Francis Ferrand répond avec réserve à mes questions. Qui est cette journaliste qui s'intéresse de si près à son fils ? Et pourquoi faire un livre sur des souvenirs personnels ? Avec la pudeur et la modestie qui caractérisent sa génération, M. Ferrand ne voit pas d'un très bon œil ce projet, et mes explications qui se veulent rassurantes ne semblent pas l'amadouer tout à fait. Quelques mois plus tard pourtant, il me recevra avec bienveillance, rue de la Tranchée, à Poitiers, et ouvrira pour moi sa maison et son album de famille : "Vous savez, il ne fallait pas être grand sorcier pour deviner que mon fils aîné ne projetait pas de devenir artisan. Ni devin pour constater qu'aux couteaux de boucher, il préférait son mange-disque et la télé. Je devais d'ailleurs quotidiennement mettre le holà pour le détourner du petit écran qui le captivait littéralement. Derrière ses lunettes, c'était un enfant calme et observateur, à l'opposé de son frère Nicolas, très casse-cou, un petit garçon rêveur collé à sa mère qui veillait sur lui comme à la prunelle de ses yeux. Ma femme avait un instinct maternel de lionne. Je vous entendais, tout à l'heure, vous étonner auprès de Franck que l'appartement libre du deuxième étage n'ait pas servi de chambre aux garçons, à l'adolescence, alors que notre espace familial était si exigu. Mais ce déménagement n'a jamais été envisageable. Leur mère n'aurait pas supporté de ne pas entendre ses deux fils respirer à côté d'elle ! Je n'ai jamais mis de frein à cette tendresse. Les affaires étaient dures, j'étais très pris au magasin et je ne disposais pas du temps que j'aurais aimé consacrer à mon premier fils. Mais je le suivais d'un œil, discrètement. J'étais fier de ses résultats scolaires — j'ai conservé ce commerce proche du centre-ville pour que mes deux garçons puissent fréquenter les meilleures écoles de Poitiers —, fier qu'il ait réussi le concours de Sciences Po. Je l'ai soutenu matériellement tant qu'il a voulu faire des études. La disparition prématurée de mon épouse, à cinquante-cinq ans, nous a beaucoup affectés et rapprochés. Les cinq premières années de mon veuvage, de 2002 à 2007, nos liens se sont resserrés. Je l'ai aidé à emménager dans son appartement de Paris, à chercher une maison en Normandie. Nous allions ensemble au BHV, installions ses meubles, dans une grande complicité. Aujourd'hui, je suis fier qu'il soit devenu un historien reconnu. Je possède tous ses livres dans ma bibliothèque mais je ne fais pas étalage de sa réussite ; il faut savoir rester modeste et discret. Ce qui me rend le plus heureux, voyez-vous, c'est l'affection qu'il me témoigne. Mon plus grand bonheur de père, c'est d'avoir transmis à mes deux fils le sens de la famille. Pas un jour ne se passe sans que Franck et Nicolas ne m'appellent pour prendre de mes nouvelles. Dès qu'ils peuvent se libérer, malgré leurs emplois du temps de folie, nous nous réunissons. Les savoir tous deux sortis d'affaire, heureux dans leur vie et reliés à leur vieux père, c'est cela la vraie fierté de ma vie." »

Chapitre 2

L'enfant de la télé

À Poitiers, dans sa maison d'enfance

Franck : Il était là, niché sur une étagère d'angle, en surplomb de la porte donnant sur le dehors. Je me rappelle parfaitement ce petit téléviseur noir et blanc gainé de skaï, et dont l'écran n'excédait pas quinze pouces. C'était un Pizon Bros, une marque bon marché ; et pourtant il a duré vingt ans.

Francis Ferrand, son père : Franck était hypnotisé par lui. Il ne l'aurait pas quitté des yeux si je n'avais mis le holà ! Je dois avoir une photo de ce poste quelque part, je vais essayer de vous la retrouver.

Rue de la Tranchée, près du parc de Blossac, Francis, le père de Franck, nous accueille avec bonhomie au domicile familial poitevin. Et le premier souvenir que l'homme de médias évoque dans la « pièce aux courants d'air » — devenue coquette salle à manger —, c'est le poste disparu. Notre pèlerinage commencera donc, au seuil du domicile familial, par l'évocation d'un écran miniature. Un étroit hublot ouvert sur le vaste monde, au-dessus d'une porte qui, elle, ne donnait que sur un porche. Plus tard, quand nous cheminerons tous deux, des faubourgs de la boutique paternelle au cœur de la vieille cité, du parc de Blossac au collège Henri-IV, Franck évoquera souvent les héros de la télévision, mêlant volontiers, aux lieux réels, ceux de son univers cathodique.

Franck : À mes yeux d'enfant en quête de merveilleux, insatisfait de l'ordinaire des jours, cherchant à fuir la grisaille des crépis de la rue et les relents du potage poireaux-pommes de terre, ce qu'il se passait derrière la petite vitre bombée se parait de lumière, de vie, de rareté. Eux, ils vivaient. Nous étions des gens, ils étaient des personnes. Je voulais quitter les gens pour rejoindre les personnes.

Catherine : Que voulez-vous dire ? Que les personnalités du petit écran étaient plus vivantes que les êtres qui vous entouraient ?

J'imaginais qu'eux, existaient intensément, alors que j'estimais que nous vivotions. Ils attiraient la lumière quand nous demeurions dans l'ombre, fréquentaient librement tout ce qui brillait quand je nous sentais prisonniers d'un quotidien sans relief.

Qui étaient les héros télévisés de votre enfance ?

Flipper le dauphin, Daktari, Colargol… En tout cas, dans les premières années. Plus tard, je les ai remplacés par des présentateurs qui sont devenus pour moi des références. J'admirais la prestance de Pierre Bellemare, la culture en apparence infinie de Léon Zitrone, l'esprit d'entreprise de Jean Richard qui, rêve absolu pour un enfant, avait fondé son propre cirque !

Leurs rendez-vous rythmaient ma vie de collégien, nourrissaient mon imaginaire et me donnaient les clefs d'un monde plus intéressant que le mien. Moi qui bâillais déjà à la moindre perspective d'ennui, j'avais un tel besoin de m'élever que je faisais feu de tout bois. J'ai appris, appris sans cesse avec avidité ; j'étais une véritable éponge, m'imbibant de chroniques, de fictions, de débats aussi.

Le moindre feuilleton était source d'enseignement. *Flipper le dauphin* m'a donné le goût de l'insondable ; et par la suite, l'étude des cétacés devait me captiver. Surtout, à l'adolescence, je me suis mis à vibrer au diapason de ces grands enquêteurs qui, dans les séries policières, triomphaient de l'adversité par le seul pouvoir de leur raisonnement. Je voulais être comme eux : capable de saisir les signes, d'élucider les énigmes, d'associer le talent de l'enquête à la capacité de persuasion. Le lieutenant Columbo, de la brigade criminelle de Los Angeles, coinçait les riches et les puissants en les berçant de bonnes paroles. Le petit détective à l'imperméable usé se révélait plus fort que ceux qui l'avaient méprisé. Me sentais-je semblable à lui ? Un peu, sans doute... Mais j'admirais tout autant le commissaire Maigret, par exemple, fumant la pipe et ne s'en laissant pas compter. Le commissaire bourru et plus tard Sherlock Holmes et Hercule Poirot auront contribué à éveiller mon esprit critique. Et peut-être que mon entêtement, aujourd'hui, à convaincre certains chercheurs prisonniers de leur chaire est né au contact des détectives de la télévision.

Tout cela m'a l'air bien sérieux pour un enfant...

Détrompez-vous : j'aimais comme tous les enfants la comédie et vouais une véritable dévotion à Louis de Funès. Un jour que j'étais tombé malade chez mes grands-parents, il avait fallu renoncer à me faire prendre le bac de l'île de Ré. J'en étais désespéré. Ma mère, restée à mon chevet à La Rochelle, et ne sachant sans doute quoi faire pour me dérider, m'a proposé de regarder, dans l'après-midi, *Taxi, roulotte et corrida*... ça ne s'invente pas ! Je l'ai vue rire de si bon cœur aux pitreries de De Funès que j'en suis moi-même devenu fan. Au grand dam de mon père qui détestait son jeu forcé. Combien de nos passions tiennent-elles, ainsi, au souvenir fortuit de moments heureux !

Quand découvrez-vous Pierre Bellemare ?

Un peu plus tard, vers 10 ou 11 ans. Depuis le palier qui me servait de chambre, j'entendais chaque semaine le son de l'émission, *La tête et les jambes*, dont mes parents étaient friands. À l'école, certains camarades écoutaient par ailleurs ses *Histoires extraordinaires*, sur Europe 1 ; je me suis mis à faire comme eux. Avec le recul, je me dis que personne n'a maîtrisé comme lui le ton et le temps du récit, jouant en maître des silences, des modulations vocales et, en fin de compte, du suspense. À force de l'imiter pour rire en récréation, nous avons capté ses tics ; et je me suis senti assez pénétré de ses intonations pour oser, vingt ans plus tard, le parodier en public... et en sa présence ! C'était en 1994, lors des épreuves du concours de la Fondation Jacques Douce. Cette insolence m'a permis d'attirer son attention et, travaillant bientôt à ses côtés, de mettre un pied dans l'édition ! Il m'avait proposé en effet, un an après cette prestation hardie, de rejoindre l'équipe de son émission *Les aventuriers du* XX*e siècle*, sur Radio Nostalgie. Quand je pense que certains parents voudraient interdire la télé à leur progéniture !...

Vous ne parlez pas beaucoup de vos maîtres en histoire...

Franck : C'est venu encore un peu plus tard, et notamment à la faveur des longues sessions de nettoyage du magasin, le samedi soir. Dès que mon père avait le dos tourné, je changeais la fréquence du transistor et me calais sur les ondes de France Inter, pour écouter l'une des émissions les plus mythiques de la radio française : *La tribune de l'Histoire*. Les conversations complices, élégantes entre André Castelot, Alain Decaux et leurs prestigieux invités, mêlant grande et petite histoire, m'ont éveillé au mélange des genres. Et inspiré, des années après, le principe d'*Au cœur de l'histoire*. Le duo s'adressait à un vaste public. On se reconnaissait dans ceux auxquels il donnait chair.

Mais ce qu'il faut vous dire, Catherine, c'est que j'étais tout sauf un auditeur — ou un téléspectateur — passif. Je ne m'imprégnais de tout cela que pour le reconstituer aussitôt avec mes petits moyens d'adolescent. Une fois le poste éteint, je faisais revivre tous ces fabuleux personnages sur mes scènes de théâtre improvisées ; je devenais Michel Drucker, le confident des stars du cinéma et de la chanson, Jean Richard murmurant à l'oreille des lions, Alain Decaux dont les grosses lunettes d'écaille m'aidaient à supporter les miennes.

L'observation des talents, des comportements, du charisme des personnalités du petit écran vous a-t-elle aidé à « devenir une personne » ?

Disons que ces présentateurs ont cristallisé les intuitions très fortes qui traversaient l'enfant ambitieux que j'étais : pour exister, il fallait un public et pour mériter son attention, on se devait d'être captivant. Ce qui ne voulait pas dire parfait, bien au contraire. Un personnage digne de ce nom n'était pas lisse : il accentuait ses qualités et affichait résolument ses défauts. La seule chose à bannir pour réussir, c'était la banalité et la transparence.

Autour de moi d'autres figures familiales très marquées exerçaient aussi une forte influence : mon grand-père maternel et mon oncle Robert, le mari de Francine, la jeune sœur de ma mère. Les deux hommes s'estimaient, d'ailleurs. Leurs auras respectives, leur manière d'imposer leur logique au petit monde familial qui tournait autour d'eux, m'ont démontré que les caractères forts arrivaient davantage à leurs fins que ceux qui s'effaçaient trop aisément. Je me souviens par exemple, en 1974, de la prise de fonctions du président Giscard d'Estaing. L'école nous avait donné un jour de congé et mon grand-père entendait bien que nous en fassions bon usage ; il nous avait obligés à regarder la cérémonie à la télévision, presque au garde-à-vous, de longues heures durant…

Faut-il déceler, dans un moment comme celui-là, l'origine de l'attachement marqué de Franck Ferrand pour l'ordre, la discipline, le respect scrupuleux de certains rites ? Quelques semaines plus tôt, j'en avais pris conscience, à mes dépens… Je l'accompagnais aux dix ans de Secrets d'histoire, *une soirée donnée à Versailles, au Grand Trianon, par le producteur de la célèbre émission, en l'honneur de Stéphane Bern. Nous avions quitté la Normandie un peu tard ; des travaux inopinés sur la nationale, une bretelle de sortie manquée sur l'autoroute, une signalisation insuffisante dans la ville elle-même nous avaient mis en retard. Une contrariété extrême pour Franck : à ses yeux, la ponctualité est la politesse des princes. Tous ces empêchements transformaient mon délicieux compagnon de la côte normande en grenadier vilipendant les panneaux insuffisants, la France des ronds-points inutiles, la décadence du service d'ordre du château. Notre week-end si harmonieux menaçait de tourner au vinaigre et, après avoir tenté de détendre l'atmosphère par quelques traits d'humour, tous tombés à plat, j'avais opté pour un silence prudent, me contentant de conduire et de hocher la tête avec empathie aux tirades indignées de mon passager.*

Au Trianon, coup de théâtre. Dès qu'il pénétra dans le scintillant petit palais de marbre rose, mon compagnon furibond se mua en ambassadeur de charme. Aux côtés de Stéphane Bern, son complice de toujours, Franck, radieux, alternait signes de tête et sourires entendus, accolades et autographes, s'inclinait devant Catherine Pégard, présidente du château de Versailles, baisait la main des princesses Anne et Béatrice de Bourbon-Siciles, saluait le producteur Jean-Louis Remilleux, le directeur de la culture de France 2 Nicolas Auboyneau, embrassait son ami le romancier et historien Philippe Séguy, coupait avec nonchalance la pièce montée… Quelques pas en arrière sur les marches du péristyle conçu par Jules Hardouin-Mansart, j'observais, médusée, son aisance étudiée, les contrariétés du voyage ayant fondu, en un instant, au milieu des marbres polis… Dans la voiture nous étions de pauvres gens en retard ; à Versailles nous redevenions des personnes, je dis « nous » car Franck me faisait signe de le rejoindre et m'entraînait, avec la générosité qui le caractérise, dans son halo, vantant un livre dont je n'avais pas écrit la moindre ligne et dont son fan-club, dithyrambique, me félicitait ardemment par avance. Du grand art ! Versailles, quand tu nous tiens…

Franck, comme s'il lisait dans mes pensées et alors que nous franchissions les grilles du parc de Blossac :

Nous pénétrons dans mon petit Versailles, qui plus tard me donnera les clefs du grand. C'est le territoire de jeux de mon enfance, si proche de notre domicile que mon frère et moi étions autorisés à nous y rendre seuls, dès 6 ou 7 ans. Franchir ces grilles de fer forgé, surmontées des armes du comte de Blossac, intendant du Poitou sous Louis XVI, c'était entrer dans un univers de classicisme, d'ordre et de beauté à l'opposé de la maison des courants d'air. Au passage, nous faisions de profondes révérences à la statue du grand homme. Pour rire. Ou pas… Car ici, nous avions, mon ami Frédéric et moi, le sentiment grisant et dérisoire de respirer un peu l'air des rois.

Oui, ce cadre empreint de noblesse et de grandeur nous fascinait. Mais il ne nous empêchait pas de jouer ici au badminton ou d'y pédaler dans des courses effrénées. L'été, nous achetions des glaces à l'eau, pour quelques pièces, à la vendeuse blonde décolorée de la buvette, près du kiosque ; elle nous cédait ses bâtons mandarine ou citron vert avec une sorte de sourire béat qui me sidérait… Attention : voici, en contrebas, un jardin de rocailles qui m'a toujours déplu ; je lui trouvais un air vieillot, étriqué, convenu, comme sur les cartes postales d'un autre âge ; je ne savais pas alors qu'il incarnait l'esthétique bourgeoise du XIXe siècle, moins séduisante, ô combien, que celle plus aristocratique de l'Ancien Régime, et qu'il me faudrait des décennies de lectures et de rêves pour y trouver finalement du charme.

Un peu comme le ferait un propriétaire, Franck me prie d'admirer l'interminable perspective centrale, bordée de charmes taillés en rideaux et, de part et d'autre, des allées en quinconce ouvrant une vue dégagée sur la vallée du Clain, léchant les pieds du haut plateau pictave. Édifié sur d'anciens remparts de la ville, le parc surplombe le paysage. Nous ne manquerons rien de l'ancien chemin de ronde et des tours de guet agrémentées de bancs de pierre. En contrebas, l'on distingue le chemin dit de la Cagouillère, menant aux rives de ce fameux Clain où Franck affirme avoir péché des écrevisses avec ses petits voisins.

Celui qui tombait à l'eau en avait toujours une ou deux accrochées à son tee-shirt, *se rappelle-t-il, hilare.*

Nous entrons dans un secteur du parc entièrement différent, un jardin à l'anglaise de taille assez modeste et qui a pris, « à la Belle Époque » si j'en crois mon guide improvisé, des allures de jardin public, avec enclos animaliers, balançoires et tas de sable.

Quand nous étions fatigués de « jouer au Tour de France » et de sprinter à vélo sur les grandes allées rectilignes, nous venions jouer à cache-cache dans ce jardin à l'anglaise, alors tout bruissant de l'arrosage automatique. Sous des frondaisons que mes souvenirs se figurent plus touffues que de nos jours, les grottes de ciment façonné, les fontaines et la petite rivière artificielle faisaient un terrain de jeux rêvé. Nous courions voir, derrière leur vitre, s'ennuyer de pauvres fennecs ou des mangoustes poussives... Luxe suprême à nos yeux d'enfants : il y avait là, en effet, comme un petit zoo. Blossac — comme on appelle le parc lui-même — était encore peuplé de bouquetins, de daims, de chèvres exotiques, d'émeus gris et d'aras versicolores. Certains dimanches en fin de matinée, quand mes grands-parents arrivaient de La Rochelle pour déjeuner à la maison, ce petit parc zoologique devenait le terrain de jeux de mon jeune oncle, déjà passionné de chasse et de pêche, et bien décidé à tenter de capturer des poissons rouges ou de harponner un cygne avec son opinel… Pour l'enfant trop sage que j'étais, devenir l'impuissant complice de ces transgressions était très difficile ; le paradis tournait alors au purgatoire ; et je me souviens du trouble où me plongeait ce paradoxe : avoir à vivre des scènes angoissantes, dans un décor aussi doux et tranquille… D'autres, me disais-je aussi, auraient trouvé là matière à s'amuser ; pourquoi fallait-il que je ne partage aucune des audaces de l'enfance ?

Les yeux de mon interlocuteur s'embuent. Le jeune Franck était-il donc si différent des autres ? On imagine aisément que sa sensibilité précoce, son tempérament d'artiste, ses goûts trop raffinés aux yeux de la plupart de ses camarades — pour ne rien dire de son désir obsessionnel de toujours se placer au-dessus des autres — ont, dans les cours de récréation, constitué une cible de choix. Assez tôt sans doute, Franck a dû apprendre à développer une insensibilité aux brimades, une endurance aux moqueries, qui expliquent peut-être, dans la suite de son parcours, sa singulière endurance dans les situations difficiles. Nous quittons le parc et abordons, de l'autre côté, une artère plutôt résidentielle.

Voici la clinique du boulevard sous-Blossac. J'y suis né ; mon frère aussi. Je conserve un souvenir assez précis du jour où, par la longue allée de charmes du parc, ma grand-mère paternelle m'a conduit jusqu'ici pour découvrir mon petit frère — alors que l'on me promettait, depuis des lustres, une petite sœur... J'ai contemplé ce nourrisson minuscule à la peau rougie, dans son berceau de plexiglas... Je l'ai embrassé sans bien comprendre — mais alors, j'ai lu dans les yeux de ma mère un amour qui, pour l'enfant unique que j'avais été jusqu'alors, avait de quoi crever le cœur. Je n'en ai pas moins donné au bébé le prénom de mon meilleur copain de l'école maternelle : Nicolas. Son intrusion dans le noyau familial n'a pas été facile à vivre pour moi ; quand je pense à l'affection viscérale qui devait nous lier par la suite, et qui nous lie toujours aujourd'hui !

Il a cité l'école maternelle. Justement, nous passons devant son portail, rue Théophraste-Renaudot. Est-ce l'adulte qui soupire, ou bien l'enfant en lui ?

Imaginez la scène : ma mère me traînant tout du long de la rue de la Tranchée jusqu'à l'école. Moi m'arcboutant de toutes mes forces et tentant de faire contrepoids au mouvement, implorant le moindre passant de venir à mon secours... C'était, tous les matins, un chemin de croix pour ma mère autant que pour moi. Vous voyez cette porte-fenêtre, là-bas, tout au fond de la cour ? J'ai pleuré, le nez collé à la vitre, toute la fin de l'année 69 ! J'ai passé là des journées entières à me morfondre, attendant que ma mère vienne enfin me délivrer. La maîtresse, après avoir maintes fois, en vain, tenté de m'intéresser aux jeux qui paraissaient divertir les autres enfants, avait fini par déclarer forfait et me laisser contre la vitre. Je n'avais que 2 ans, et ne pouvais supporter l'idée d'être ainsi séparé de ma mère. J'imagine qu'elle aussi souffrait de cette séparation, je crois me rappeler qu'elle l'a reconnu plus tard ; mais le commerce était dévorant, mon père employait déjà trois commis et ne plaisantait guère sur le travail. Peut-être sentait-il par ailleurs qu'il était temps de distendre un peu le lien trop fusionnel qui reliait son épouse à son fils… Bref il jouait son rôle de père et me poussait à sortir des jupes de ma mère…

Au moment d'entrer « chez les grands », à l'école primaire, la facilité a voulu que je sois inscrit dans l'établissement le plus proche, portant le nom tout indiqué de Jules-Ferry, juste au bas de notre raidillon. En face de la pension de famille tenue par notre voisine, Mme Simone, chez qui nous logions nos invités. Cette école était comme un prolongement de notre cour, et je crois me rappeler que cette proximité me rassurait.

Seul, avec son frère, ses cousins ou ses petits voisins, Franck a passé toute une partie de son enfance à jouer dans cette cour de terre battue, aire de jeux tout en pente et en bosses, bordée par un vieux mur aux pierres mal scellées, limitée vers le haut par le laboratoire de préparation — le « labo » —, vers le bas par des garages surmontés de réserves appelées « les greniers ».

Cette cour était tour à tour terrain de football et piste de cirque, Tour de France en réduction pour nos petits coureurs lorsqu'on y traçait des routes au balai, dans la poussière, et théâtre grâce aux draps pendus sur les fils à linge, et qui séparaient la scène des coulisses…

Tout en bas, le chien de la voisine, aboyant de préférence à l'heure de la sieste, exaspérait mon père ; tout en haut, sous une sorte de porche, les trappes coulissantes de la grande cave nous inquiétaient, depuis que mon petit frère avait failli y perdre la vie en y tombant, tête la première, sur un tracteur à pédales…

Mais pour revenir à ce cours préparatoire, ce qu'ignoraient mes parents, c'est que sévissaient dans ses murs les prémices du pédagogisme actuel, cause de bien des malheurs de notre Éducation nationale. Incapable de m'adapter aux méthodes nouvelles, je suis bientôt passé pour inadapté, au point d'inquiéter les « psychopédagogues ». J'ai dû subir une batterie de tests en vue d'identifier les causes de mes difficultés à m'intégrer. Chou blanc. Qu'importe : mes parents avaient évoqué leur désarroi à des clients qui les ont mis sur la voie d'une autre école. Au bout d'un an, j'ai donc retraversé la cour dans l'autre sens pour ne plus remettre les pieds chez Jules Ferry.

Il semble si bien lancé que je ne relève pas le trait et préfère le laisser continuer.

Les choses sont par la suite rentrées dans l'ordre. À partir du CE1, j'ai fréquenté une école primaire de grande qualité, où l'excellence était de règle. C'était l'annexe de l'École normale d'instituteurs, et nos maîtres devaient pourtant gérer des classes de quarante élèves : les deux niveaux de Cours élémentaire dans la même salle, et dans une autre les deux de Cours moyen ! Le petit établissement, à taille humaine, était sis à quatre cents mètres à peine de notre boutique, en direction du centre-ville, au tournant de la rue du Général-Demarçay. Notre institutrice, Mme Giraudeau, était extrêmement exigeante, mais sa sévérité un peu rigide était mille fois compensée par une véritable envie de nous ouvrir au théâtre, à la musique, au cinéma, aux sciences... C'est elle qui m'a transmis sa passion pour l'histoire de France — à commencer par la fascination de Versailles. Je lui dois beaucoup. J'avais noué aussi une amitié privilégiée — elle dure encore — avec une élève mûre, appliquée, profonde : Denise, et comblé, à ses côtés, mon besoin de complicité. Mais je vous ennuie avec mes histoires.

Il faut croire que les liens noués dans cette petite école étaient forts et vifs, puisque je suis aussi resté proche de Fabrice, notre condisciple rue du Général-Demarçay ; il a aujourd'hui fondé une famille en Nouvelle-Calédonie, et je continue de le voir chaque fois que possible. Hélas, je ne peux pas en dire autant de mon ami Olivier, que j'ai pourtant retrouvé, dans ma vie d'adulte, mais avec qui les liens se sont à nouveau distendus ; je le regrette beaucoup.

Nous poussons jusqu'au centre, voir le collège Henri-IV et le lycée Victor-Hugo — fleurons poitevins de l'enseignement public.

Quand je suis arrivé à Paris, je jouais volontiers sur l'ambiguïté en disant : « quand j'étudiais à Henri-IV »… J'imagine que la plupart de mes interlocuteurs n'étaient pas dupes ; mais chacun lutte avec ses armes ; il me fallait faire feu de tout bois… Il n'empêche que mon bon vieux collège, bâti par les jésuites à partir de 1604, ne manquait pas d'allure. La mémoire des siècles résonnait entre ses murs et mes jeunes sens y étaient sensibles. J'y ai été nourri par de bons professeurs, et j'ai cultivé là des amitiés très stimulantes. Avec mon ami Sébastien, nous étions inséparables ; j'admirais son vaste savoir, notamment en matière de mythologie grecque ; lui devait apprécier mon esprit volontiers caustique ; nous avions le don de nous faire rire mutuellement.

Nous avons marché tout en parlant et passons à présent devant l'hôtel de France, qui à l'époque faisait figure de palace local.

C'est là que descendaient les personnalités de passage à Poitiers ; il m'est arrivé souvent de rôder dans les parages pour apercevoir les comédiens en tournée ou les invités du festival de musique…

Franck, me fait les honneurs de l'avenue Victor-Hugo, et réfreine mal un accès de fierté qui paraît remonter de loin.

Et voici nos Champs-Élysées à nous ! Notez, Catherine, l'inspiration haussmannienne du boulevard qui relie la préfecture, construite sous Napoléon III et inaugurée par l'impératrice Eugénie en 1864, à l'hôtel de ville néo-Renaissance, achevé dix ans plus tard.

D'où vient à Franck cette étonnante mémoire des dates, des personnages, des lieux et des styles ? Cela me laisse souvent pantoise. Sa visite est si documentée, si vivante… Il me tient en haleine, alternant avec naturel références historiques et anecdotes personnelles. J'ai l'impression de l'entendre en direct, au micro de Radio Classique, alors qu'il marche à mes côtés, rajeuni par ce retour chez lui, frais comme un gardon. Un samouraï affirmait que la première chose à laquelle doit s'intéresser un poisson, c'est à l'eau de son bocal. Traduction : avant de se lancer dans le grand bain et de nager dans des eaux plus mouvementées que celles du milieu originel, il faut avoir fait le tour, en conscience, de ce premier espace. Une grande part de la force de Franck vient de cette appartenance assumée, de cette adhésion totale au lieu de ses origines. Franck a pu nager loin, voler plus haut que les siens, parce qu'il possédait, à défaut de privilèges de naissance, de vraies racines avec lesquelles il a su faire corps.

Mais je vous ennuie avec tous ces détails. *(Il se moque ?)* Vous vous êtes lancée dans une drôle d'aventure en enquêtant sur mon enfance. Je me demande qui cela pourra bien intéresser. Il va falloir tout votre talent pour rendre ces banalités captivantes. *(C'est bien cela, il se moque.)* Une dernière halte avant de vous offrir un thé à la maison et de plonger dans les boîtes de photographies avec mon père. Le café de mes grands-parents : *Le Domino*, rue Carnot. Mon grand-père paternel l'avait acheté après avoir cédé la boucherie à mon père. Je m'y rendais seul dès l'âge de 6 ans, tous les mercredis. C'est ici que je faisais le dresseur de caniches devant les clients goguenards mais surtout là que je me réfugiais dans l'arrière-salle, des après-midi entières à ne pas quitter des yeux le poste de télé — en couleur !

Ma « grand-mère » — en vérité la seconde épouse de mon grand-père paternel, mais elle ne faisait aucune différence et nous non plus, forcément — était une femme adorable. Elle devait avoir senti que ces heures volées au quotidien participaient à mon équilibre et à ma construction intérieure. Alors, elle me laissait tranquille durant toutes ces heures, veillant à ce que je ne manque pas de tablettes de chocolat Poulain — je les grignotais carré par carré, devant *Les visiteurs du mercredi*, *Black Beauty* ou *Skippy le kangourou*… Le soir, à la nuit tombée le plus souvent, je redescendais au pas de charge la longue rue pleine d'ombres, la tête farcie d'images, comme « drogué de télé », avec le sentiment d'avoir fait le plein de rêves à la barbe de mon père, très remonté contre la télévision et sa mauvaise influence. Qui a dit que le petit écran abrutissait les enfants ? Pour moi, sans cette soupape d'évasion, je crois bien que j'aurais étouffé vivant.

Mais je ne dois pas oublier de vous montrer l'essentiel, l'église Saint-Hilaire-le-Grand ! Le lieu de mon baptême et de ma première communion, celui aussi des obsèques de ma mère et de mes grands-parents… Havre de mes jeunes années, là où je me suis ouvert à la beauté et au sacré. Cette ancienne collégiale, bâtie sur le tombeau du saint, est un prodigieux trésor, dont le chevet a toujours été, à mes yeux, une sorte d'étalon de la beauté. Prosper Mérimée, inspecteur général des Monuments historiques, s'est employé à le faire classer ; près de deux siècles plus tard, l'actuelle municipalité vient d'autoriser la construction d'un affreux immeuble à ses abords — tout est dit…

Nous passons devant la salle paroissiale où Franck, encore écolier, venait suivre le catéchisme. Il sourit.

Un jour, l'abbé David s'est fâché tout rouge et m'a exclu du cours. Pour mieux nous faire comprendre saint Paul et son rôle dans l'édification de l'Église il avait proposé de jouer le rôle de l'évangélisateur, nous demandant d'incarner les Corinthiens. Je crois me rappeler que j'ai pris mon rôle trop au sérieux, et mis beaucoup de zèle à mettre en doute ce qui, semble-t-il, n'aurait pas dû l'être.

Nous n'en saurons guère plus... Pendant que nous entrons dans l'intérieur de l'édifice et que je suis saisie par sa forêt de piliers et de colonnes romanes, d'autant plus harmonieuse que les transepts et le chœur sont nettement surélevés, mon guide-conférencier d'un jour évoque à mots couverts son rapport complexe, à la fois ambigu et profond, avec la religion.

Enfant, j'avais pris l'habitude de prier beaucoup le Seigneur, essentiellement pour la protection de mes parents et de mon frère, pour celle aussi de ceux que je considérais comme les membres du clan. Mais c'étaient des prières intéressées, presque superstitieuses. Jamais je n'ai su entretenir avec le divin ce rapport désintéressé auquel je n'ai pourtant jamais cessé d'aspirer. Le grand scepticisme en vigueur dans ma famille maternelle, où l'esprit fort était même de rigueur, a toujours surmonté en moi, disons-le, la foi simple, trop simple peut-être, de la branche paternelle. J'admirais infiniment

Jésus, et Sa parole résonnait en moi ; mais je ne crois pas qu'Il m'ait touché vraiment de Sa lumière et de Sa grâce. Comment expliquer dès lors que je sois toujours demeuré empreint de catholicité — jusqu'à vivre actuellement chez les Dominicains de Paris ? Disons que là sont mes références profondes, ma morale et ma culture et, pour le dire ainsi, l'air que je respire...

Il faut que vous imaginiez cette nef et ces transepts emplis de monde, Catherine. Dans mon enfance, il y avait le dimanche un grand service de messe avec une dizaine d'enfants de chœur. Le curé de la paroisse — toujours le bon abbé David — me confiait souvent la première lecture, en dépit de mon jeune âge ; il trouvait mon élocution très claire, et respectueuse de l'écho particulier de Saint-Hilaire. Il est vrai que j'en jouais à plaisir... Je mâchais chaque syllabe et prenais plaisir à entendre ma voix revenir, amplifiée par les haut-parleurs de la nef en contrebas... Cette lecture du dimanche, en surplomb du tombeau de saint Hilaire, était mon moment.

À présent, dans les petites rues menant vers « le bas de la cour », nous marchons en silence. Franck semble soudain loin, perdu dans ses souvenirs. Les rues sont désertes. Le bruit régulier de nos pas, seul signal de vie dans la ville endormie, donne le sentiment de rythmer un temps différent.

Franck, avec ce que je devine être un talent de médium, lit souvent dans mes pensées :

On se sent loin de l'agitation parisienne, le temps passe lentement ici, n'est-ce pas ? Charles Exbrayat, qui aimait plonger dans la France éternelle, avait choisi Poitiers en 1954 pour écrire *Les douceurs provinciales*. Mais ne vous y trompez pas, derrière les fenêtres closes, brûlent passions et désirs inassouvis... Ici vivait par exemple un chirurgien réputé, et là-bas un notaire. Et puis, tiens, voici la belle demeure du juge Rousseau !

Ma mère trouvait cette ville soporifique : elle qui venait du port autrement animé de La Rochelle, ne s'était jamais habituée à cette cité perdue dans les terres. La bourgeoisie austère, souvent liée à la magistrature — Poitiers est la plus ancienne école de droit de France —, les vieilles demoiselles, chignon en résille, qui marchaient à tout petits pas et venaient faire hacher un steak, à la boucherie, pour leur toutou... Tout cela l'horripilait !

J'avais d'autant plus de mal à partager sa réticence que, pour ma part, j'étais né dans cet univers, j'avais toujours vécu au-dessus du commerce, dans un lien permanent avec les clients. Le samedi midi, je faisais une longue tournée pour livrer leurs commandes à tout un chapelet de clientes souvent âgées, toujours souriantes et qui, en échange du sac encombrant que j'avais apporté jusqu'à leur seuil, me glissaient dans la main une grosse pièce de cinq francs.

Nous descendons la rue de la Tranchée, sa rue… Franck se souvient, avec une précision de topographe, de l'emplacement de chaque commerce.

Avec mes sacs de commandes — un gigot, un rôti, une pintade… —, je venais tirer les sonnettes. Là il y avait un bar de nuit, *Le Milord*, à côté de la bien triste mercerie ; ici se trouvait l'épicerie Abascal, où nous avons un temps fait les courses. Et la boulangerie Enfrin, dont nous dévalisions les merveilleuses meringues à la sortie de l'école…

Ici, résidait la dame gentille et austère qui me donnait des cours de piano ; n'ayant pas d'instrument chez nous, je venais m'exercer chez elle entre deux cours, plusieurs fois par semaine… De 9 à 14 ans, sans que l'on ait pu constater de progrès chez le maladroit que j'étais… Quant à cette grille en mauvais état — mais qui à l'époque était rutilante —, c'est celle de Mme Vidonne, la vieille dame qui me faisait faire des dictées. Elle en puisait les textes dans les numéros d'*Historia* qu'elle recevait par la poste. Le samedi après-midi, je sonnais à la grille ; dans la minute, je voyais, au premier étage, bouger le voilage de sa chambre ; un petit signe de sa main, et j'entendais l'influx électrique déverrouiller la porte d'entrée, tandis que sa petite chienne, un caniche tout blanc baptisé Valérie, dévalait l'escalier en aboyant joyeusement…

Dans les années 70 c'était une rue commerçante, très vivante. Une vingtaine de pas-de-porte, dont la boucherie de mon père, y prospéraient. Chaque magasin était tenu par un couple qui employait un vendeur ou un commis. Cela créait en tout une soixantaine d'emplois. Des petits emplois humains, de proximité. Les gens se connaissaient tous, se faisaient la bise.

Nous nous fournissions chez nos confrères et étions interdits de « grande surface ». Je n'ai découvert l'hypermarché qu'à 8 ans, lors de vacances chez ma tante, à Angoulême. Mammouth ! J'ai poussé là mon premier caddie, avec un sentiment mêlé d'exotisme et de transgression ! Mon père rejetait tout cela et, en voyant aujourd'hui notre rue désertée, je me dis qu'il avait raison… Faire la queue pour acheter la même chose et enrichir les mêmes était à l'opposé de ce pour quoi il avait travaillé et vécu : la fierté de fournir d'excellents produits à des clients fidèles. Mais nous sommes arrivés, n'évoquez pas le sujet devant lui, s'il vous plaît, l'absence de repreneurs des petits commerces le peine et je préfère éviter les sujets qui l'attristent. Nous avons mérité un bon thé après cette très longue balade à pied, vous ne trouvez pas ?

Personnellement je n'ai pas l'impression d'avoir longuement marché, plutôt celle d'avoir fait le tour d'un petit périmètre. Quand je livre à Franck mon impression que le monde de son enfance tient dans un mouchoir de poche, il paraît surpris. Puis avec la rapidité intellectuelle qui le caractérise, et me servant une tasse fumante de thé de Chine, il approuve.

Je réalise en effet combien cette proximité dont j'ai bénéficié enfant, et dont je n'avais aucune conscience, m'a marqué. À plusieurs reprises dans ma vie professionnelle, j'ai refusé de beaux contrats qui m'auraient obligé à me déplacer loin de mon quartier d'adoption, à me déporter à l'autre bout de Paris. C'est, pour moi, une chose difficilement concevable. Durant dix ans, je me suis rendu à pied aux studios d'Europe 1, je fais de même désormais avec Radio Classique. Avant d'arriver à Paris, je n'avais jamais pris le bus. Ni parcouru plus de cinq cents mètres pour me rendre quelque part. Un luxe. Vous voyez, même si je suis « naturalisé » parisien, je suis demeuré l'enfant de Poitiers. Un provincial. Et même, en y songeant bien, un Poitevin, c'est-à-dire un habitant de ce Poitou campagnard où j'ai passé, enfant, tant de jours !

Franck Ferrand, le chroniqueur aujourd'hui reçu du Tout-Paris, un éternel provincial ? Difficile à avaler et pourtant l'historien est sincère. Poitiers a imprimé tôt en lui sa cartographie intime, tracé un périmètre intérieur, une frontière symbolique impossible à dépasser, adulte.

Qu'on ne s'y trompe pas : il serait trop facile de voir dans ces choix de vie une simple aspiration au confort, et faux d'y chercher l'effet d'une paresse. Si Franck Ferrand — irréductiblement casanier, en dépit d'incessants voyages à travers le monde — tient à ce point à demeurer ancré dans son quartier — je n'ose employer le terme de biotope —, c'est surtout parce qu'à ses yeux, le mouvement est foncièrement suspect.

Cette vision du monde, pour lui essentielle, ne pouvait que le rapprocher du philosophe et homme politique François-Xavier Bellamy, auteur en 2018 d'un essai intitulé Demeure *et fort éloquemment sous-titré :* Pour échapper à l'ère du mouvement perpétuel. *Invité par son grand ami versaillais à une soirée privée dans le cadre raffiné du théâtre Montansier, au pied du château des rois, Franck va tenir à me faire connaître, bien longtemps avant la campagne des Européennes, ce jeune orateur surdoué, persuadé que l'essentiel de nos existences se trouve dans ce qui est reçu et transmis. Selon François-Xavier Bellamy, ce qui rend possible le mouvement de toute vie et vient à lui donner un sens, c'est avant tout ce qui demeure.*

Vous qui vous passionnez, Catherine, pour la part d'histoire et d'enfance qui demeure en chacun de nous, je pense que vous serez sensible à ce que dit François-Xavier des illusions qui s'attachent au mouvement permanent. Je suis comme lui convaincu qu'aucune société humaine ne peut s'améliorer en se coupant de ses racines, et qu'aucun parcours humain — notamment en matière artistique — ne saurait faire fi des origines. Nul voyage n'a de sens s'il ne ramène le voyageur à son port d'attache. Ulysse à son Ithaque.

Fort bien. Mais alors, je me pose une question : comment concilier l'enraciné et celui qui veut s'échapper ? Le fidèle et l'ambitieux ? L'enfant qui ne supporte pas d'être séparé de sa mère et le jeune Rastignac prêt à tout pour fuir son univers ? Comment relier le petit livreur de gigots au collégien féru d'Antiquité, le défenseur des authentiques petits commerces à l'admirateur invétéré de la Cour de Louis XIV et de ses faux-semblants ? L'imitateur des stars du petit écran au chroniqueur dont le style personnel tranche sur les ondes ?

« Dis-moi l'enfant que tu abrites, je te dirai qui tu es », affirme le dicton. Franck Ferrand résiste à la formule. Il m'échappe ; la kyrielle des visages enfantins, le contraste entre le passager survolté de la voiture et l'hôte solaire du Grand Trianon continuent de m'interroger. Il manque des pièces à mon puzzle pour rassembler les univers du petit garçon, emboîter les facettes de l'adulte. Il manque, non pas des personnages de scène, mais de vraies gens, des êtres humains. Qui a permis au fils du boucher de jouer sur le grand échiquier ? Quels adultes bienveillants du cercle familial ont tendu l'oreille à cet enfant précoce ? Quelles ont été

les bonnes fées sur son berceau ? Quels ancêtres l'ont inspiré ? Faut-il les rechercher du côté maternel, paternel ? L'enfant de la télé n'a pas livré tous ses secrets.

Denise, l'amie d'enfance : « Nous aspirions tous deux à d'autres horizons »

« Il a toujours été plus brillant que moi : lui dans le rôle du surdoué, moi dans celui de la laborieuse, lui le dilettante, moi la sérieuse. Doté d'une mémoire exceptionnelle qui, même quand il n'avait pas bûché, le sortait toujours de l'ornière. Avec son vocabulaire érudit, son aisance verbale, sa posture distinguée, voire un peu raide, ses grandes lunettes qui lui mangeaient le visage, c'était l'être le plus atypique de l'école et de notre quartier. C'est cette différence qui m'a rapprochée de lui, qui me l'a fait aimer. Notre amitié a débuté dans ce rêve commun d'autre chose. Lui, l'aîné d'une famille d'artisans bouchers, moi la fille unique d'un couple de tailleurs, aspirions à d'autres horizons. Nous ne partagions pas la spontanéité bruyante de nos camarades ni leur passion pour la balle-au-prisonnier. Nous, nous aimions les histoires extraordinaires de Pierre Bellemare, la politique et les grands débats télévisés animés notamment par Alain Duhamel. Nous fréquentions la Cour de Louis XIV. Imprégnés des leçons de notre institutrice, Mme Giraudeau, nous menions grand train, invités aux bals de la Cour, nous y rendant en carrosse, avec chevaux harnachés. Dans ce théâtre royal, nous tenions les premiers rôles, enrôlant quelques figurants parmi ceux qui s'étaient fait éliminer de la partie de balle-au-prisonnier. Nous avons grandi ainsi, inséparables, dans l'imaginaire comme dans la vie de tous les jours, des bancs de l'école primaire jusqu'à la Quatrième. Au collège, Franck a choisi l'option grec et nous n'avons plus été dans la même classe, mais il a continué à me faire rire à la récréation, parodiant les dieux grecs, avec son ami Sébastien, féru comme lui de mythologie. Déjà Franck possédait cet art d'investir les personnages, de se glisser dans leur peau et de les révéler sous un angle inédit ; déjà il était extrêmement drôle et original dans sa manière de narrer les évènements. Ce talent de conteur — sa marque de fabrique aujourd'hui — est né parmi nous, à Poitiers. Petit à petit, marche après marche, les pièces de son puzzle personnel se sont assemblées et il a tracé son destin. La réussite a été longue à venir, il a connu des années de vaches maigres, sans jamais cesser d'y croire. Après le baccalauréat et notre départ mutuel pour Paris, l'élastique s'était distendu entre nous avant de se resserrer, miraculeusement, à Arcueil, au bas des marches de la Maison des examens qui accueillait les candidats au concours de Sciences Po. Nous le tentions tous les deux sans le savoir, et sommes tombés, à la sortie, dans les bras l'un de l'autre. Il a réussi le concours du premier coup, bien sûr, quand moi j'ai dû me représenter pour

l'obtenir. À cette époque, j'étais piquée de numérologie. Et le chiffre que je tirais toujours pour Franck était le 9. Un chiffre qui désigne l'Autre, au sens universel. Cela nous interrogeait. Aujourd'hui, quand je le vois sur scène ou l'entends à l'antenne, je me dis, avec le recul, que les chiffres ne nous avaient pas trompés. Il lui fallait être relié avec le plus grand nombre, intimement relié avec son public pour exister.
Désormais, souvent séparés, nous communiquons beaucoup par texto. Quand nous avons la joie, trop rare, de nous retrouver, la connexion est immédiate, les fous rires, la complicité, l'osmose, instantanés, comme si nous ne nous étions jamais quittés. "J'ai un frère mais aussi une sœur", m'a avoué Franck un jour, faisant fi de la pudeur native qui caractérise notre relation. Dans ce livre, après quarante-cinq ans d'amitié, j'ose lui faire le même aveu : "Moi aussi j'ai un frère de cœur." Je suis fille unique et cette place du frère idéal, c'est à lui que je l'ai donnée. Aussi loin que je me souvienne, nous ne nous sommes jamais fâchés. Quand il parle de lui, il dit quelque chose de moi. Quand je me confie à vous, j'exprime une part de lui. Il est un grand cadeau de ma vie. »

Chapitre 3

Terriens et martiens

À la brasserie *Le Select* (Paris XIVe)

Cette brasserie du quartier Montparnasse des années 30, haut lieu de l'intelligentsia parisienne de l'entre-deux-guerres est, depuis toujours, notre lieu de rendez-vous. La carte des thés y est raffinée, les serveurs très discrets et les tables suffisamment isolées pour que nous puissions deviser en toute liberté. Ce jour-là, Franck a accepté de me parler de ses aïeux, d'éclairer pour moi sa lignée. Je suis curieuse d'en savoir plus sur ceux qui l'ont précédé, nourri, influencé. Et sûre de mon fait : l'historien qu'il est a dû se documenter sur ses ancêtres.

Catherine : J'imagine que le passionné d'histoire que vous êtes a établi tôt son arbre généalogique ?

Franck : Tout m'y destinait ! Étant adolescent, j'ai passé bien des mercredis à suivre mon ami Sébastien dans toutes sortes de fonds d'archives, pour compléter son immense, son encyclopédique généalogie.

Notamment, nous avons fait de nombreux voyages en train Corail à Amboise — une centaine de kilomètres de Poitiers — où la salle de consultation des Archives était en même temps la salle de réunion du maire. Comme le conseil municipal avait justement lieu le mercredi en début de soirée, nous avons vu, régulièrement, l'ancien Premier ministre Michel Debré attendre poliment, un sourire aux lèvres, que ces deux archivistes en herbe — nous n'avions que 12 ou 13 ans — aient débarrassé le plancher pour s'occuper des affaires de la Ville. D'ailleurs, je me demande si nous ne faisions pas exprès de faire un peu traîner nos recherches…

Cette curiosité de votre camarade a dû participer à éveiller la vôtre ?

Très vite, dès les premières recherches, j'ai compris que ma famille n'avait pas grand-chose à voir avec la grande noblesse de Cour qui, à l'époque, me fascinait à travers Saint-Simon. Quant au célèbre comte Ferrand de la Restauration, j'ai pu vérifier sans peine que son sang ne coulait pas dans mes veines. Snobisme d'adolescent : j'ai préféré jeter sur ma généalogie un voile pudique, plutôt que d'ajouter une ombre à un tableau que je trouvais déjà suffisamment ordinaire.

Ce snobisme vous a coûté cher ; aujourd'hui, vous ne savez pas d'où vous venez !

Si, car, par chance, un auditeur fidèle, devenu un ami, Guillaume Lopez, a récemment fait le travail pour moi.

J'arrive à point nommé ; que vous a-t-il appris que vous n'aviez pas envie de découvrir ?

Soixante-quatre quartiers de paysannerie française, des ancêtres quasiment tous cultivateurs ; les rares autres étant tisserands, couturières, charpentiers ou tailleurs de pierre. Aucun médecin, aucun militaire, aucun voyageur, pas même un commerçant si ce ne sont mes arrière-grands-parents bouchers. Et bien entendu, nulle « illustration familiale », comme on dit dans le bottin mondain, c'est-à-dire absolument personne de connu. Pas d'étranger non plus, même pas un gramme de sang extérieur au terroir français.

Encore des « gens », pas de « personnes » ? Vous vous en êtes remis ?

C'est tout le bénéfice de l'âge. Aujourd'hui, non seulement mes aïeux paysans ne me font pas honte, mais j'en sais assez sur la vie, sur les humains, pour mesurer la somme magnifique de travail, de sacrifice, de souffrance muette et d'espoirs sans doute souvent meurtris qui s'affichent sur ce grand rouleau. *(Il déplie devant moi un parchemin peuplé de noms inconnus.)* Je les aime bien, parfois je lis les noms de Pierre Feugère, Jeanne Gaudin, Jean Alix, Jacquette Bonnet, née à Parthenay en 1672, et je me dis qu'un peu de ces anonymes continue de vivre à travers moi.

Ces noms que vous citez, ils appartiennent à la lignée paternelle ou maternelle ?

Aux deux ! Du côté Ferrand, nous venons plutôt de Normandie — Haute-Normandie, jusqu'aux falaises d'Étretat ; du côté Boutet, c'est plutôt la Vendée, le Poitou, jusqu'à l'Aunis et à la Saintonge. Je connais fort peu mes ancêtres maternels, car les parents de mon grand-père Raymond étaient, comme on me l'a si souvent dit, « de l'Assistance publique ». Je les croyais donc abandonnés à la naissance, ce qui aurait interrompu le lignage ; mais j'ai appris récemment qu'ils s'étaient simplement retrouvés, jeunes, orphelins de père et mère.

Avez-vous connu vos arrière-grands-parents ?

Du côté maternel, j'ai connu les parents de ma grand-mère — dont la fameuse « Mémé Lucas » qui ne jurait que par Marie-Antoinette et connaissait sur le bout des doigts la généalogie des rois de France. Enfant, dès que je voulais parler de Louis XIV, ma mère s'exclamait, sans que j'aie su si c'était un compliment ou un reproche : « Mémé Lucas ! » J'ai aussi connu quelques années la mère de mon grand-père Raymond, que Maman appelait sa « Petite Mémé » et qu'elle adorait. Quand j'étais enfant, hélas, elle avait perdu presque toute sa raison ; je l'entends encore, à table, devant son potage refroidissant, me dire en serrant le manche de sa cuiller, à moi qui avais fini mon assiette depuis longtemps : « Vas-tu manger ta soupe ?! »

Côté paternel, je n'ai pas pu connaître les parents de mon grand-père Jean : son père était mort au début des années 30, sa mère peu de temps après sa naissance en 1913, jamais remise de ses couches ; d'ailleurs on lui a beaucoup reproché d'avoir « tué sa mère ». Mais j'ai eu la chance de connaître la mère de ma grand-mère, Suzanne Romain, qui à 85 ans faisait sauter mon petit frère sur ses genoux en lui chantant « À cheval gendarme, à pied Bourguignons, Entrez dans la Ville, les Prussiens y sont ».

Vous qui êtes proustien, diriez-vous qu'entre les deux branches de la famille, il y avait un « côté de Guermantes » et un « côté de chez Swann » ?

Mais tout à fait ! Version poitevine, années 70 — et la littérature en moins !

Je gage que les Guermantes sont du côté de votre mère…

Évidemment. De ce côté maternel, la grande figure était mon grand-père Raymond. Il était, par sa réussite, le modèle idéal pour un petit garçon. Fils de docker, entré au chantier naval de La Pallice, près de La Rochelle, à 14 ans comme apprenti métallo, il avait fini, à force de travail, de sérieux et d'une énergie folle, par diriger la cale de montage.

Je me remémore Franck à Belfast, lors d'une croisière en Irlande, sur la cale de lancement du Titanic, *me donnant toutes sortes de précisions sur le rivetage, le calage, les soudures. M'expliquant que le bruit des masses frappant nuit et jour sur les rivets avait largement contribué à rendre sourd son grand-père.*

Sa surdité le rendait un peu irritable ; il parlait très fort et demandait qu'on fasse de même ; quant à ma grand-mère Monique, penchée des journées entières sur l'épaule de son mari, elle lui répétait tout d'une voix assez aiguë que, bizarrement, il entendait mieux…

Comme tous ces hommes qui, envers et contre tout, se sont faits à la force du poignet, et ont dépensé une énergie hors du commun pour mettre leur petite famille à l'abri du besoin, il lui arrivait d'être dur, rigide et même inflexible. Je me rappelle, notamment, l'espèce de nervosité qui s'emparait de ma grand-mère sur le coup de 18 h 15, à la perspective de voir son mari « rentrer du chantier » : il fallait que rien ne traîne, que les portes soient bien fermées, que la lumière du garage soit allumée et la chaîne du portail prête pour le tour de cadenas.

Cela ne l'a jamais empêché d'être compréhensif, et même tendre, avec ses petits-enfants. Privilège du sourd ? Il avait le don de comprendre à fond la moindre situation d'un seul coup d'œil. Et je me souviens que, plus tard, rentrant de Sciences Po avec un chagrin d'amour que j'avais réussi à dissimuler à toute la famille, il me lança d'entrée de jeu, alors que j'étais venu lui dire bonjour : « Ce n'est pas grave, mon petit, ce sont des chagrins normaux à ton âge. »

Son respect pour l'autorité, pour l'institution, pour les cadres établis n'avait quasiment pas de borne. Bien que votant à droite par crainte du désordre, il admirait profondément l'Union soviétique telle qu'elle se donnait en spectacle le 1er mai, lors du grand défilé de la place Rouge. Il est vrai que son père, le docker, avait été inhumé dans le drapeau rouge au son de *l'Internationale*, après avoir demandé à boire un verre de champagne, pour la première fois de sa vie et la dernière... Quant à l'idée d'obliger les ouvriers japonais à faire de la gymnastique en cadence tous les matins, il la trouvait proprement géniale. Il aurait voulu que la France allie l'économie japonaise au sens soviétique de la discipline. Hélas pour lui, comme il ne cessait de le répéter : « La France est foutue. »

Son plus grand plaisir, il le trouvait à son établi, des heures et des heures durant, lorsque — dans un froid de gueux, lui qui aimait tant la chaleur — il travaillait l'acajou, son bois préféré, pour en tirer des étagères, de petits bars…

Pour le mobil-home de l'île de Ré ?

Oui, exactement ! Mais il allait plus loin, je l'ai vu refaire entièrement, en bois précieux, le tableau de bord de sa voiture et l'intérieur des portières, avec poignées et vide-poche ! Il allait même — sans avoir jamais pris une leçon d'ébénisterie — jusqu'à y marqueter de petits trèfles d'un bois qu'il avait teint en vert ! Les chambranles, les plinthes, jusqu'aux interrupteurs électriques : tout était refait par lui en acajou, donnait à la maison l'aspect chaleureux d'une cabine de navire.

Dans l'esprit de ce que vous avez fait à Villers-sur-Mer ?

Un peu… Ce qui m'a surpris, à Villers, c'est qu'une fois le chantier terminé, alors que je soufflais en regardant le résultat, la ressemblance avec les intérieurs de mon grand-père m'a sauté aux yeux — je l'avais fait sans m'en rendre compte.

Il passait beaucoup de temps à s'occuper de sa maison…

Absolument tout son temps libre. La maison de Port-Neuf, il l'avait jadis construite lui-même, dans le cadre de l'association des Castors — grande réussite de l'après-guerre. Quant à celle, plus cossue, de Lagord, il l'avait personnalisée à un point à peine croyable — jusqu'à meuler des pierres d'Allemagne en forme d'ailes de papillons, pour en faire sur la terrasse le motif d'une grande mosaïque. Il avait même repeint tous les murs en rose, au grand dam de ses voisins qui multipliaient les plaintes contre ses lubies.

Lui arrivait-il de mettre à contribution ses petits-enfants ?

Cela pouvait arriver, quand nous passions à La Rochelle une semaine de vacances. Nous avions alors souvent un pinceau à la main, notamment pour badigeonner à la chaux les troncs des arbres du jardin, cerisiers, abricotiers et pruniers aux fruits délicieux. Ils étaient protégés des vents marins par une sorte de grande voile de fibre de verre, arrimée au sol par de lourds piliers de fonte — un « monument » de vingt mètres carrés qui rendait fou le voisinage.

Vous tenez de lui ce perfectionnisme (pour ne pas le vexer, je me suis retenue d'employer le terme « maniaquerie »)... ?

Sans doute, mais je ne vais pas jusqu'à me munir comme lui d'un petit pinceau pour rechampir au blanc, avec des gestes de miniaturiste, la marque GoodYear sur les flancs des pneus cirés de noir… Cette étrange aspiration à l'excellence suscitait volontiers l'admiration de tous.

Diriez-vous de lui qu'il était excentrique ?

Je n'irais pas jusque-là, n'ayant jamais vu mon grand-père dépasser les limites de la bienséance ; en ce temps-là, pour s'autoriser l'excentricité, il fallait s'appeler Salvador Dali.

Je n'insiste pas, mais je trouve que ce grand-père haut en couleur s'affranchit tout de même volontiers des limites, et que Franck tient fort de lui.

Vous parlez beaucoup de votre grand-père, comme s'il éclipsait le reste de cette branche maternelle ?

Il est vrai que « Papy » occupait beaucoup de place, dans le cœur de ma mère et dans le mien, par ricochet. Et pourtant, il avait une sœur, Yvette, à la personnalité affirmée — sa voix, assourdie par ses longues cigarettes, m'évoquait celle d'Annie Girardot. Et que dire de ses filles — les sœurs de ma mère — Gisèle et Francine, qui ne manquaient ni d'allure ni de caractère ? Et du benjamin de la fratrie, chasseur et pêcheur invétéré, et qui ne ratait jamais sa cible. Et une belle-sœur qui avait élevé d'une main de fer tout un bataillon de garçons intrépides… Au milieu de ce parterre de figures, ma grand-mère se distinguait par sa réserve et sa tenue ; ce qui aurait pu passer pour de l'effacement nous en imposait plutôt. Elle était à nos yeux la Française parfaite des années 60.

« À nos yeux » ? Lesquels ? Les vôtres, ceux de votre frère ?

Mon frère Nicolas posait sur la famille — comme sur le reste du monde — un regard infiniment plus acéré que le mien ; un peu comme à mon grand-père, rien ne lui échappait. Il portait sur notre tribu — et Dieu qu'il possède plus que moi le sens de la famille — un regard empreint de tendresse et d'humour mêlés. Il nous arrivait souvent, tous les deux, de rejouer les scènes et les personnages des week-ends à La Rochelle, croquant gentiment des travers des uns et des autres. Nicolas n'a pas son pareil pour dénicher au quart de tour les petits ridicules.

D'une façon plus générale, mon frère est aussi rapide que je suis souvent lent, aussi fonceur que je suis circonspect ; il était aussi intrépide, enfant, que j'étais, moi, poltron. Difficile d'être plus différents de tempérament mais aussi de goûts — et en même temps, de se sentir aussi proches et complices. Aujourd'hui encore, il ne se passe jamais trois jours sans que l'un appelle l'autre au téléphone.

Il m'est arrivé, en effet, de devoir interrompre un entretien avec Franck parce que le nom « Nicolas » s'affichait sur l'écran du portable ; alors que mon interlocuteur répond rarement en direct aux appels, il décroche systématiquement quand il s'agit de son père ou de son frère — qu'il lui arrive d'appeler affectueusement « mon petit père »...

C'est du grand-père Raymond que Nicolas tient son côté fonceur ?

Peut-être, mais pas seulement. Alors qu'enfant, je me sentais lié davantage à la famille de ma mère, Nicolas faisait le lien entre les deux branches ; des Boutet, il tenait sans doute le sens aigu de la famille et de ce que vous appelez l'excentricité ; des Ferrand, un bon sens et un pragmatisme à toute épreuve. Entre les deux côtés, il rétablissait l'équilibre.

Pour filer la métaphore proustienne, emmenez-nous chez votre père du côté de Méséglise !

La famille de mon père avait ceci de particulier que mon grand-père, Jean Ferrand — lui, pour se distinguer des frères avec lesquels il s'était brouillé, écrivait d'ailleurs Ferrant, avec un T —, avait divorcé jeune puis, remarié, avait fondé une nouvelle souche. Comme je vous l'ai dit, sa seconde épouse a toujours été notre grand-mère ; mais cela ne nous empêchait pas d'avoir, à Rouen, une « troisième grand-mère ». C'est elle qui, d'ailleurs, m'a offert le menu de *Normandie* que vous avez vu à Villers, dans la cuisine ; elle travaillait dans la restauration.

Mon grand-père paternel — nous l'appelions « Pépère » — était moins flamboyant que son homologue rochelais, bien que son parcours ait été au moins aussi honorable. Mal considéré par son père, qui lui reprochait la maladie fatale de sa mère peu après sa naissance, il avait, dans les années 20, suivi un apprentissage sévère chez différents grands traiteurs de sa région — au Havre, à Amiens et à Rouen notamment — puis avait ouvert sa propre boucherie à La Saussaye, près d'Elbeuf, le berceau familial — où est né mon père.

Combattant en 1940, fait prisonnier par les Allemands, évadé, il avait beaucoup pérégriné avant de se fixer dans le Poitou, et à Poitiers même en 1952. Dur au mal et au travail, il n'en faisait cependant pas une religion comme mon autre grand-père ; il lui arrivait de partir une journée entière à la chasse — gare aux commis si, à son retour, tout n'était pas parfaitement en ordre. Issu donc d'un milieu campagnard — et non ouvrier comme Raymond — Jean avait les pieds sur terre et la foi chevillée au corps.

C'est de lui que vous tenez votre dimension spirituelle ?

Pas du tout. C'est après l'adolescence que je me suis ouvert aux questions immatérielles ; enfant, j'étais assez influencé par le matérialisme fort de ma famille maternelle, ce qui d'ailleurs heurtait « Pépère » dans sa foi du charbonnier. Lui qui racontait naïvement comment, au petit matin, en pleine campagne, la Sainte Vierge lui était apparue pour lui intimer de faire le bien, lui qui faisait cesser les douleurs en prononçant sur la brûlure une petite prière, lui qui considérait tout esprit fort comme « mécréant » reprochait à ma mère l'influence païenne qu'elle exerçait sur nous. J'ai le souvenir de déjeuners dominicaux houleux entre mes deux grands-pères — du reste, assez tôt, mes parents avaient pris l'habitude de ne plus les réunir qu'occasionnellement.

Vous m'avez pourtant raconté votre assiduité à la messe du dimanche...

Mon père y tenait, et ma mère laissait faire — même si le souvenir qu'elle conservait de sa scolarité au collège rochelais de La Providence était pour le moins mitigé. J'allais d'ailleurs à la messe, je vous l'ai dit, avec plaisir. Alors que le catéchisme m'ennuyait — on nous y bassinait avec des grands principes lénifiants, plutôt que de nous enseigner l'histoire sainte qui sans doute m'aurait passionné. Mes seules vraies prières avaient lieu le soir, au moment du coucher, lorsque, les mains pieusement jointes, j'implorais le Seigneur de garder ma petite famille à l'abri des embûches. Le fait qu'il pût arriver malheur aux miens était pour moi une sorte de terreur

— et il fallait rien moins que la protection divine pour nous en défendre…

Votre grand-père paternel vous accompagnait-il à la messe ?

Pas du tout ! À part pour les grandes occasions, il ne mettait jamais les pieds à l'église, en cela représentatif de la déchristianisation qui, depuis le milieu du XVIIIe siècle, n'a cessé de progresser dans nombre de provinces françaises.

Chassez l'historien, il revient au galop.

Mon grand-père, comme tant de ses contemporains, surtout masculins, estimait qu'il n'était pas nécessaire d'assister aux offices pour être bon chrétien. Je dois d'ailleurs constater qu'aucun de ses enfants — du premier lit comme du deuxième — n'a vraiment hérité de sa foi.

Vos parrain et marraine ont joué un rôle dans votre éducation religieuse ?

Ils étaient très jeunes, des adolescents au moment de mon baptême. Ma marraine Francine, comme je vous l'ai dit, est la plus jeune sœur de ma mère ; elle a beaucoup compté dans mon enfance, et s'est notamment occupée presque à plein temps de moi, bébé ; mais je ne peux pas dire qu'elle m'ait souvent conduit à l'église…

Quelque chose me dit que chez les Boutet, on est peu réceptif à la chose religieuse.

Quant à mon parrain, Philippe, le jeune demi-frère de mon père — malgré leurs vingt années de différence, ils sont proches et s'appellent respectivement « Farju » et « Lewis » — il passait tous ses dimanches matin à vélo ; nous allions parfois le soutenir dans les critériums régionaux. J'étais fier de le voir passer, comme une flèche, dans son beau maillot multicolore.

Et voilà comment naît un commentateur du Tour de France !

Je crois en effet que, chaque été, mon parrain Philippe est mon spectateur le plus assidu. Je pense souvent à lui quand nous survolons le peloton, à travers l'objectif des caméras embarquées de France Télévisions.

Philippe, comme Agnès et Laurence, sont les demi-frère et sœurs de Papa ; mais on n'a jamais fait de différence avec la sœur aînée, Janine, que je voyais peu, car elle habitait à Paris. (C'est avec elle qu'en 1978, j'ai découvert le domaine de Versailles.) En revanche, Agnès et Laurence étaient très présentes : mes parents étant toujours occupés à la boutique, c'est souvent avec elles que j'allais à la piscine, à la ménagerie du cirque, ou en forêt, ramasser des champignons. C'étaient à l'époque des jeunes filles dans le vent, qui, l'été, parcouraient l'Europe dans leur Ford blanche décapotable ; elles ramenaient parfois chez mon grand-père des garçons barbus à cheveux longs, qui tranchaient sur son style cravaté.

Lors de mon séjour à Poitiers, j'ai pu vérifier l'affection et la complicité reliant Franck à sa tante Laurence ; elle nous a reçus avec beaucoup de gentillesse à dîner dans sa maison des environs de Poitiers, et avait concocté pour lui un plat de ces tomates farcies qu'il affectionne. Laurence ne s'est du reste pas fait prier pour décrire le petit garçon curieux et même insatiable de connaissances et de découvertes qu'avait été son neveu.

On sent une vraie chaleur dans cette branche paternelle, autant que d'originalité du côté maternel. Votre cœur d'enfant devait balancer entre les deux.

Mon frère et moi avons été gâtés des deux côtés. C'étaient vraiment le côté de Guermantes et le côté de Méséglise. Avec le grand-père Jean, nous allions passer des journées à la campagne, sur les onze hectares de pâturage — les enfants sont précis — qu'il possédait à une trentaine de kilomètres de Poitiers, et où paissaient surtout des charolaises. Nous ramassions des œufs dans le poulailler et, parfois, lorsqu'il était à jour de jardinage, descendions jusqu'à l'étang pêcher une friture de gardons. Avec le grand-père Raymond, nous quittions le terroir pour le côté urbain et le quotidien pour une forme d'exotisme : les poissons étaient des carpes japonaises, le jardin était absolument tiré au cordeau, et nous pêchions des crabes à marée basse, dans l'île de Ré, au pied du phare des Baleines. Avec Pépère, nous enfoncions nos bottes dans la glaise ; avec Papy, nous n'avions pas le droit, dans le potager, de marcher en dehors de plaques d'ardoise réservées à cet effet. Aujourd'hui, je crois que je préférerais le terroir ; mais enfant, j'avais tendance à trouver la Côte plus colorée, plus solaire.

C'est sans doute pour cela que Franck a choisi d'installer sa thébaïde sur une plage normande, bien loin des chaumières du bocage… Mais il n'est pas à une contradiction près !

Est-ce que, néanmoins, vous vous partagiez équitablement entre ces deux « côtés » ?

Nous fréquentions autant un « clan » que l'autre ; mais alors que mon père était chez ses beaux-parents comme un poisson dans l'eau, ma mère, en revanche, entretenait avec son beau-père une relation plus qu'orageuse. J'ai le souvenir de nombreuses disputes et de pas mal de sous-entendus. Elle avait pris l'habitude d'imputer à mon grand-père ce qu'elle n'osait reprocher à mon père — à ses yeux, le fameux divorce de son beau-père, en 1947, avait causé du tort à son mari.

Ce qu'il y a d'extraordinaire, c'est qu'en 1987, sur son lit de mort, les dernières paroles de mon grand-père paternel — paroles affectueuses — ont été pour cette belle-fille avec laquelle il n'avait jamais su s'entendre. Il aurait préféré, je crois, que mon père choisisse pour épouse une fille du milieu des petits commerçants, moins réservée, moins cérébrale que Maman. Il est vrai qu'elle était Base 6 et lui, Base 1.

Quésaco ?? Base 6 et Base 1 ? En quelle langue parlez-vous ?

Je croyais vous avoir parlé de mon intérêt pour l'ennéagramme.

Mais pas du tout...

Il s'agit d'une typologie empirique, extrêmement efficace, pour ranger les caractères en fonction des comportements. Chacun se reconnaît dans un profil et je gage que vous et moi, Catherine, appartenons au même groupe, celui de la Base 5.

Vous m'intriguez !

Pour en parler très succinctement, la Base 1 — donc celle de mon grand-père paternel — rassemble les bons petits soldats, ceux qui se fixent des règles et s'y tiennent.

La Base 2 réunit les altruistes, ceux qui font systématiquement passer les autres avant eux-mêmes : mon père ; il a oublié de mettre son manteau mais vous demande si vous êtes assez couvert ; la Base 2 cherche l'assentiment de l'autre dans l'intérêt qu'il lui porte.

La Base 3 — celle de mon frère, entrepreneur en bâtiments — est celle des organisateurs, des porteurs de projets, des bâtisseurs…

Dans la quatrième catégorie se retrouvent plus ou moins les artistes, les créatifs, en tout cas les personnes qui mettent un point d'honneur à ne pas emprunter les voies toutes tracées. Ai-je besoin de vous dire que c'était celle de mon grand-père maternel ?

La base 5 est donc la mienne — et la vôtre aussi, me semble-t-il : on y trouve l'observateur, l'enquêteur, le journaliste, le psychologue cherchant à percer le mystère d'autrui, le détective ; Hercule Poirot est notre saint patron.

Vous m'avez cernée !

Et pour cause… La Base 6, le prévisionniste, celui qui essaie de prévoir ce qu'il va advenir pour éviter le pire, celui qui pense à calfeutrer la fenêtre avant même que le vent ne se lève ; c'était le profil de ma mère, un peu aussi, par certains côtés, celui de mon parrain Philippe. Ma mère était régulièrement préoccupée, inquiète ; sa devise aurait pu être : « Pour l'instant tout va bien mais qu'est-ce qui nous attend ? »

La Base 7 est celle des bons vivants, des amoureux de l'instant, de ceux qui vous disent : « Quel beau bouquet de fleurs ! Avec qui dîne-t-on ce soir ? » Ce sont des gens qui me fascinent ; on n'en a jamais assez autour de soi. Ma marraine Francine, pour ne citer qu'elle, est de ceux-là.

La Base 8 est celle du chef, du décideur, du leader, du tyran aussi. C'est le genre de personne qui prend les commandes sans qu'on le lui ait demandé. Mon oncle Robert en est un bel exemple.

Enfin la Base 9 — en grec, *enneas* veut dire neuf — c'est le diplomate, le maître d'hôtel, celui qui arrondit les angles, qui a l'intuition du groupe, qui met de l'huile dans le moteur. Mes deux grands-mères — celle de La Rochelle et celle de Poitiers — appartenaient à ce groupe ; la troisième, ma grand-mère de Rouen, était plutôt Base 4, pour autant que je puisse en juger.

Vous ne trouvez pas ces cases un peu réductrices ?

C'est parce que je vous en fais une présentation rapide. Mais, en y réfléchissant, il apparaît que chacun d'entre nous appartient à l'une de ces familles, même si, pour son malheur, il rechigne à y entrer.

Pour son malheur, vraiment ?

On ne peut être bien dans sa peau que lorsque l'on sait qui l'on est. Pour exister et rayonner, il faut « tenir sa Base ». On perd, avant de le comprendre, beaucoup de temps et d'opportunités d'être soi. En prendre conscience est le privilège de l'expérience. Âge, courage et chance : voilà le triple cadeau de la vie ; il nous faut le saisir pour être heureux.

Je fais confiance à Franck, à son formidable instinct de vie pour les saisir tous les trois. Cette incursion dans son passé s'est avérée instructive. Le talent et l'originalité dont il a hérité viennent de loin : ce grand-père Raymond, autodidacte et flamboyant, a montré au petit garçon qu'on pouvait échapper au déterminisme, s'élever par la passion et le travail. Et « Pépère Jean », enraciné dans son terroir, lui a transmis son bon sens, la nécessité — même pour un jeune ambitieux — de garder les pieds sur terre. Nous tenons les racines. Il nous faut maintenant découvrir les tuteurs, les éveilleurs qui ont permis à la jeune pousse de croître et de s'épanouir.

Nicolas, le petit frère de Franck : « Il était l'artiste, moi le bâtisseur »

« Nous avons grandi dans la même petite maison, la même chambre, dans une proximité et une fraternité intenses, mais avec des personnalités et des centres d'intérêt radicalement opposés. Franck écoutait Herbert von Karajan en boucle et je pestais pour passer Madona sur l'électrophone que nous partagions.

Il rêvait de Versailles, quand je ne vivais que pour le foot. Il fréquentait les bibliothèques ; j'étais rivé à mon vélo. Se passionnait pour la généalogie, quand je collectionnais les scooters. Sa vie tournait autour de Jean Richard, de Pierre Bellemare, d'Alain Decaux, de Valéry Giscard d'Estaing. Je baignais — de force — dans cet univers singulier sans éprouver le moindre intérêt pour aucun de ces personnages. Enfin, il était brillant en classe alors que j'étais peu motivé pour les études. J'ai eu, à sa suite, les mêmes professeurs qui tombaient de l'échelle quand ils lisaient la copie du benjamin des Ferrand, cancre et brise-fer à l'opposé de son aîné, intellectuel et posé.

Malgré ce décalage total, nous étions inséparables. Nous faisions d'interminables parties de Monopoly dont Franck réinventait sans cesse les règles ; il écrivait des pages de règlement que nous finissions par cosigner pour reprendre le jeu. Nous étions ensemble aussi durant les vacances à La Rochelle, trottant côte à côte derrière mon grand-père qui nous entraînait jusqu'au chantier naval de La Pallice, pour partager avec nous son métier et sa passion. Quand notre cousin Christophe nous rejoignait, les mois d'été, à Poitiers et que Franck arrivait à nous canaliser, il nous enrôlait dans des pièces de théâtre qu'il mettait en scène avec précision, dans des sketchs improvisés qu'il enregistrait sur son petit magnétophone. J'adorais déballer tous mes Playmobil dans les deux pièces inoccupées du deuxième étage de la maison, et construire des cirques géants dont Franck élaborait les affiches miniatures, les programmes, les rideaux rouges d'entrée sur la piste. Moi le bâtisseur, lui l'artiste. À l'époque je passais ma vie à dessiner des plans et Franck à improviser des scènes, mais nos parents ne nous poussaient pas à exploiter ces penchants. Aujourd'hui on est à l'écoute des moindres talents des enfants pour les orienter dans la vie ; Franck et moi avons poussé comme des herbes sauvages. Nos aptitudes étaient là, en jachère. Et pourtant nous avons trouvé chacun sa voie : je dirige une entreprise de bâtiment et Franck remplit les théâtres. La grande qualité de mon frère c'est d'avoir forcé la chance. D'avoir tenté d'ouvrir toutes les portes qui l'intéressaient : l'édition, la radio, la télé, le théâtre. Sciences Po Paris le menait tout droit à une carrière de haut fonctionnaire mais cette perspective ne lui disait rien. Il a poursuivi son rêve. Et un jour, après des années difficiles durant lesquelles nous étions très inquiets pour lui — je gagnais déjà ma vie quand il tirait toujours le diable par la queue — nous l'avons entendu à l'antenne d'Europe 1. Son audace et sa ténacité avaient fini par payer.

Ses nombreux talents vont de pair avec ses défauts. Surtout un qui m'insupporte : sa distraction native et maladive. Un fléau pour ses proches. À 15 ans, nos parents nous avaient offert un appareil Reflex 15. Nous sommes partis au ski et Franck a fait un reportage digne d'un professionnel sauf que, lorsque nous avons ouvert l'appareil, il avait oublié d'enrouler la pellicule. Il était plus que rêveur. Absent du réel. Allergique à tout ce qui pouvait être matériel et quotidien. Il passait tout ce qui l'ennuyait à la trappe. A-t-il vraiment changé ? Il y a quelques mois, je suis monté à Paris le voir jouer au théâtre Antoine. Nous traînions au café quand il a réalisé que l'heure de son entrée en scène était imminente. Pas le temps de remonter chez lui prendre des vêtements. La costumière du théâtre lui a trouvé une chemise, il a gardé ses chaussettes marron peu adaptées à son costume bleu marine. J'étais très inquiet pour lui de cette absence de préparation mais il est entré sur scène, lumineux, comme si de rien n'était. Après le spectacle, je l'ai entraîné, en bon épicurien, manger une nourriture qui tenait au corps, dans un restaurant de l'Aubrac. Nous avons refait le monde et quand nous sommes arrivés chez lui à une heure du matin, Franck a découvert, sur le palier, qu'il avait oublié les clefs de son appartement... dans sa loge, au théâtre ! Nous sommes repartis en vadrouille dans Paris, chercher un double des clefs chez son vieil ami Cédric. La distraction est le talon d'Achille de mon frère, le côté obscur de sa force, si vous préférez.

Quand Franck est monté faire ses études à Paris, j'avais 12 ans et il m'a manqué. Chaque année il me faisait faire un "stage de rattrapage" dans la capitale et partageait avec moi tout ce qu'il avait découvert. Un séjour intensif qui débutait à 7 heures du matin à se terminait à 22 heures. Nous quadrillions

méthodiquement Paris, courant sur les quais pour ne pas rater une rame de métro et tenir notre agenda. Du Marché aux fleurs au Planétarium, du sommet de la tour Eiffel aux profondeurs des Catacombes et le soir au Grand Rex ou à l'Opéra pour me faire découvrir Patrick Dupond, Franck était un guide passionné et encyclopédique. On dit de lui qu'il est l'homme qui vulgarise l'art et l'histoire, les rend accessibles à tous. J'en témoigne : j'ai été son premier cobaye.
Je suis aussi tribal qu'il est indépendant et pourtant il ne se passe pas deux jours sans que nous nous appelions. Je veille à lui rappeler les fêtes de famille, à les sanctuariser dans son emploi du temps de ministre. Il y a deux ans Franck a loué une péniche pour nous réunir tous à Noël ; notre père était aux anges. Depuis la disparition prématurée de ma mère, nous entretenons, tous les trois, un lien très fort. Quand il a commencé à devenir médiatique, je n'hésitais pas à sauter un dîner entre amis pour courir le regarder en direct à la télévision ; aujourd'hui je me suis presque habitué à allumer la radio et à entendre sa voix. Il y a quelque temps, un dimanche après-midi, mon fils Thomas, le filleul de Franck, a allumé la télé et l'a vu sur le canapé rouge de Michel Drucker. Il s'est écrié, ébloui : "Papa, regarde, c'est Tonton !" Eh oui, celui qui crevait l'écran, c'était mon grand frère. »

Chapitre 4

Les éveilleurs

Au cimetière de Montmartre (Paris XVIIIe)

Ce mercredi de novembre, j'attends Franck à l'entrée du cimetière. Le temps est lumineux, des éclats de soleil ricochent sur les allées bordées de chapelles moussues. Le silence recueilli des lieux est interrompu par le bruit régulier des automobiles empruntant le pont Caulaincourt, un viaduc qui enjambe la nécropole et dérange le sommeil des défunts. Des gisants que Franck s'apprête, lui aussi, à convoquer puisqu'il m'a donné rendez-vous en ce lieu. Justement, l'historien arrive d'un pas vif, coiffé d'un Fléchet en feutre gris, l'air mystérieux. Allons-nous saluer Sacha Guitry ou Gustave Moreau dont il est si féru ? Les célébrités ne manquent pas dans ce carré de terre bordé de hauts murs. Nous abordons aujourd'hui le thème des éveilleurs de son enfance et je pressens qu'il va me mener sur la tombe d'un illustre personnage. Je ne me trompe pas, même si celui dont il cherche la dernière demeure n'est pas inscrit au panthéon des grands hommes.

Franck : Bonjour Catherine ! « Drôle d'endroit pour une rencontre. » Mais vous allez comprendre ; j'ai déjà évoqué avec vous mon oncle Robert ; il est pour moi l'éveilleur par excellence. Et nous ne pouvions pas écrire ce livre sans lui rendre visite.

Catherine : Nous y sommes. Robert évoqué sans cesse dans nos conversations, comme le personnage phare des années décisives. Robert, le mari de Francine, la jeune sœur de la mère de Franck. Robert, le fils d'Arthur-Albert, ingénieur en chef en Indochine, ouvrant les routes du Tonkin. Robert qui avait grandi à Hanoï, entouré d'une dizaine de domestiques, qui chassait le tigre à 13 ans, roulait en Bugatti à 17. Robert, ancien élève de Polytechnique, promis à un destin heureux mais que les années d'après-guerre avaient meurtri. Robert qui avait trouvé refuge et affection au sein du clan Ferrand, au point d'en être devenu membre à part entière. Robert qui venait boire son café noir et faire ses mots croisés dans « la maison des courants d'air » de la rue de la Tranchée. Robert demeuré élégant, impérieux malgré des revers de fortune. Robert, attentif au petit garçon singulier, pygmalion de l'adolescent brillant, désignant pour lui les portes d'une société dont il avait jadis eu les clefs.

« Division 7, ligne 2 ». Franck s'est muni d'un plan imprimé. Il faut dire que le « petit Père-Lachaise » contient

quelque vingt mille sépultures ! À l'entrée, nous avions poussé le scrupule jusqu'à consulter le registre des trépassés, d'une précision… glaçante. Sur la ligne dédiée à l'oncle de Franck, j'avais déchiffré ces mots tracés à l'encre violette : « 5 mai 1993, 82 ans ».

Franck marche d'un pas vif, comme s'il ne voulait pas se laisser gagner par la nostalgie automnale du cimetière. Je me tords les pieds à le suivre sur les pavés irréguliers, sans qu'il y prête la moindre attention tant il est tendu vers son but. Pas de place, semble-t-il, pour l'attendrissement.

Franck, comptant les tombes :

Six, sept, huit, neuf, dix, je sais que c'est par là… Non, je me suis trompé d'allée… Essayons plus haut. Je ne le trouve pas… J'ai dû faire fausse route. Mais non, nous y sommes ! D'ailleurs, je reconnais la plaque déposée par ma marraine. Son épouse. Robert est là, Catherine.

S'ensuit un long silence durant lequel Franck ôte avec une douceur infinie les feuilles mortes qui recouvrent le caveau.

Tout me revient. J'avais 25 ans quand il nous a quittés. J'entrais dans la vie professionnelle. J'avais créé, avec un associé, une petite entreprise qui proposait à des particuliers de recueillir leurs souvenirs et de rédiger leurs mémoires. L'idée m'était venue au service historique de l'armée de l'Air, à Vincennes, dont j'étais devenu contractuel après mon service militaire. Je collaborais au bureau d'histoire orale, fondé par le général Christienne en 1973 ; notre mission consistait à recueillir, sur bandes magnétiques, les souvenirs d'anciens combattants et d'officiers.

Je sens que la digression n'est pas loin ; mais nous allons revenir à Robert, je m'y engage... Franck, bien parti sur sa lancée :

Mon témoin le plus âgé, Benjamin Renard, n'avait pas moins de 104 ans ! Il avait fait la Grande Guerre dans ces ballons d'observation qu'on appelait « les saucisses ». J'avais aussi recueilli, par exemple, le récit de Roland de La Poype, de la légendaire escadrille Normandie-Niemen en Union soviétique, et celui du célèbre pilote de chasse Pierre Clostermann, l'auteur du *Grand Cirque*.

Vous pensez que je digresse encore... Mais rassurez-vous, je tiens mon fil. Donc, quelques jours avant la disparition de Robert, j'avais emménagé dans mon premier « chez moi ». Ilot Saint-Séverin, dans le mini-studio loué à un copain. À cent mètres du caveau de la Huchette. Un sixième étage sans ascenseur. C'était le samedi 1er mai 1993 — je m'en souviens car c'est le jour où Pierre Bérégovoy est mort. J'avais appris son décès dans le métro, alors que je déménageais — plus exactement, alors que je trimballais seul, à grand-peine, des valises et des valises de livres, mon seul bien à l'époque, dans une malheureuse Delsey bleu pétrole... Le soir, enfin installé dans mes murs, j'étais resté l'oreille collée au transistor. Toutes les éditions étaient dédiées au Premier ministre de François Mitterrand, qui était censé avoir mis fin à ses jours. Tremblement de terre médiatique ! Je me revois navigant d'Europe 1 à France Info, partagé entre l'envie de savoir et le regret de ne pouvoir pleinement profiter de ma nouvelle intimité.

Deux jours plus tard, le lundi 3 mai, mon oncle Robert nous quittait à son tour. Après avoir dégusté deux douzaines d'huîtres sur le port de Cancale, aux côtés de Philippe, le fils handicapé de ma tante Francine qu'il avait reconnu et qu'il aimait comme son propre enfant. Rupture d'anévrisme.

Il revenait tout juste, avec Philippe, d'une tournée familiale destinée à offrir « Les lacets du Tonkin ». Un récit que j'avais rédigé sur son enfance en Indochine. Francine, qui l'avait commandé à Cassiopée *(la société de rédaction)*, lui en avait offert cinquante exemplaires pour son anniversaire. Je nous revois, lui remettant le recueil en Bretagne, près de Brest, dans le cadre enchanteur de l'Élorn marin. Il faisait très beau, le parc était plein d'oiseaux... Robert était tellement heureux du présent, qu'il était resté de longues minutes sans voix, les larmes aux yeux. Depuis toujours, sa voix se voilait et ses yeux s'embuaient dans les grands moments. Dans la foulée, il avait pris le volant de la Honda qu'il conduisait d'une main, à bride abattue, fumant comme un pompier, avec le précieux récit. Il s'était rendu à Poitiers, chez mes parents, à La Rochelle chez mes grands-parents maternels et ma tante Gisèle, mais aussi à Royan puis dans les Alpes et jusqu'à Marseille où se trouvait alors sa propre nièce. Avec le recul, je me demande s'il ne pressentait pas que c'était là, pour lui, comme une tournée d'adieux. La partie de sa vie dont il était le plus nostalgique, sa jeunesse, avait été retracée par celui qu'il considérait comme son fils spirituel. Sur le chemin du retour, ne manquant jamais une occasion de célébrer la vie, il s'était offert un plateau d'huîtres avant de partir en paix.

La voix de Franck rayonne de chaleur. J'avais senti qu'il nourrissait une affection particulière pour cet oncle hors du commun. « Les lacets du Tonkin » était l'un des tout premiers documents qu'il m'avait confiés lors de nos entretiens sur l'enfance. Comme on tendrait, à qui veut comprendre, une pièce maîtresse du puzzle. Comme il m'avait remis d'entrée de jeu les bandes sonores enregistrées en 1986 avec « Tonton Robert » et dont il avait tiré le livre. La voix de « Bob », comme l'avait surnommé Francine — une voix rocailleuse, racée, impérieuse — m'avait impressionnée. Intriguée.

Le vendredi 7 mai, à l'église de la Trinité, la cérémonie m'a paru neutre et impersonnelle. La paroisse, choisie seulement pour la proximité du cimetière, n'avait rien à voir avec Robert. Nous étions une poignée, perdue dans cette église immense et solennelle. Tout juste une vingtaine, aussi nombreux du côté de son clan d'adoption que de sa famille d'origine. Aucun ami ; Robert n'avait quasiment pas de relations sociales, notre famille était son univers.

Si nous allions chercher un pot de bruyère pour égayer sa tombe ?

« Et quand j'arriverai, je mettrai sur ta tombe
Un bouquet de houx vert et de bruyère en fleur. »

Les vers romantiques de Victor Hugo se mêlent aux craquements des feuilles mortes, créant une atmosphère propice à l'évocation. Il existe une géographie des émotions humaines : Franck peut bien se déclarer insensible aux cimetières, sa voix se teinte de nostalgie.

Quel rôle a joué Robert dans votre enfance et votre adolescence ?

Celui d'un éveilleur, d'un éclaireur. Il avait épousé ma tante Francine sur le tard, en troisièmes noces. Ils avaient presque quarante ans d'écart et il en était éperdument amoureux. Il faut dire que Francine, comme ses sœurs, dont ma mère, était très jolie. Lorsque j'étais petit, le couple venait régulièrement passer de bons moments dans la maison des courants d'air. Ma mère et sa petite sœur étaient complices, en perpétuel fou rire.

Je le vois partir dans ses souvenirs.

J'ai 4 ans, c'est un soir, on est donc en 1971. L'après-midi, j'ai dû accompagner ma grand-mère poitevine à la Caisse d'Épargne, et la guichetière m'a donné une tirelire en forme d'écureuil, en plastique moulé marron glacé ; rétrospectivement une horreur.

Donc, ce soir-là, à la maison il y a ce monsieur casqué de cheveux blancs, distingué, vivant. Depuis toujours je suis sensible aux êtres présents à eux-mêmes. Et c'est peu dire que Robert l'était. Sa voix forte aurait dû m'effrayer, mais non. C'est exactement la voix de Jean Marais ; la voix d'une génération… Toute la soirée, il me fournit des piécettes pour remplir ma nouvelle tirelire. On peut dire qu'il aura acheté l'enfant que j'étais ! Plus sérieusement, il adopte la posture qu'il tiendra jusqu'au bout avec moi : celle du nourricier, un nourricier des rêves. Le souvenir délicieux du bruit des pièces tombant dans l'écureuil : voilà mon premier souvenir de lui.

Encore un souvenir sonore…

J'en ai aussi d'olfactifs ! C'est l'odeur puissante de la côte dégagée, à l'île de Ré, par une grande marée. C'est un an plus tard, j'ai 5 ans. Mon grand-père maternel, ardent pêcheur de crabes — il savait trouver les dormeurs sous les roches — a pris sa journée. Pour celui qui travaillait sans relâche — on ne devient pas par hasard chef du chantier naval de La Pallice — les grandes marées, c'était sacré. Les hommes étaient partis devant, les femmes et les enfants devant les rejoindre pour pique-niquer. Avec ma mère, nous nous sommes engouffrés dans l'Austin mini, rouge pailleté, de ma marraine — cadeau de Robert à sa toute jeune épouse —, jusqu'au phare des Baleines. Mon oncle Robert — plus âgé que son beau-père — surplombait la scène. C'était Lord Bret Sinclair à la plage, comme dans *Amicalement vôtre*. Robert ne cherchait ni tourteaux ni étrilles, mais se posait en grand ordonnateur du pique-nique, veillant à ce que le champagne soit servi frais. Il savait mettre en scène les bons moments de la vie et possédait l'art de faire mijoter le désir et de tout faire briller : les êtres, les lieux et les choses.

Il faut vous dire que chez Robert, à cette époque, il y avait souvent du homard — un luxe inaccoutumé pour mes parents. Verres de Saint-Louis, surtout d'argent hérité de son père ; il mettait à notre portée un luxe inaccessible. Les enfants déjeunaient à la cuisine, avant les adultes, ce qui irritait mon jeune oncle et ma cousine ; à mes yeux, ce rite d'un autre temps ajoutait au prestige de la table.

Cette opulence n'a pas duré, hélas ; l'héritage ayant fondu, Robert et Francine ont dû changer de train de vie, adopter d'autres cadres — mais sans renoncer au plaisir d'offrir du homard. Lorsqu'ils ont dû emménager dans une maison très petite, ils n'ont pas hésité à inviter toute la famille à Noël : la chaleur humaine primait sur tout le reste.

Bien plus tard, installé en Bretagne, Robert eut l'idée, pour réunir encore une fois la famille, d'engraisser, chaque année, un cochon qu'il fallait tuer et préparer au creux de l'hiver ; l'homme de l'art était évidemment mon père qui, dans ce moment familial frénétique, prenait la tête des opérations. Pour notre grand bonheur. De retour à Poitiers pour faire durer ce moment, mon frère et moi rejouions les scènes principales de la cochonnaille dans notre chambre, à la manière d'une dramatique télé.

En quoi cet ordonnateur des fêtes familiales est-il pour vous un éveilleur ?

Franck : Très tôt, je sens qu'il me considère différemment des autres. Lisant dans mon regard une grande curiosité, une attention éblouie pour ses innombrables anecdotes, il cultive entre nous une sorte de complicité exclusive. Je suis peut-être le fils brillant qu'il n'a pas eu. Il est exigeant et ambitieux pour moi. Il ira plus tard jusqu'à me dire — je venais d'entrer à Sciences Po : « Écoute bien ce que je dis : tu deviendras président du Conseil. » Je n'ose lui préciser qu'on dit maintenant Premier ministre.

À l'âge du collège, c'est lui, au sein de la famille, qui m'éveille à la culture : les grands mots historiques, les pièces, les opéras, les grands auteurs classiques — et notamment Marguerite Yourcenar, qu'il admire tout en critiquant sa vie personnelle de manière acerbe.

Il est même arrivé qu'il m'apostrophe en latin ; je devais comprendre à tous les coups et, si possible, répondre. Mais au-delà, pour le petit provincial que j'étais, Robert symbolisait Paris ! Polytechnique, l'Académie, le Collège de France mais aussi le Grand Véfour, Fauchon, Hédiard « place de la Madeleine, l'unique maison où l'on trouve de la moutarde Colman's, la seule mangeable ».

Franck rit comme un enfant. Robert est là, avec nous.

Robert faisait partie de cette frange imprécise et enviable de la population que Maman, empruntant au vocable marin de son père, qualifiait de « haute mestrance ». Il narrait son enfance dans les splendeurs coloniales du Tonkin, les repas interminables au Yunnan, chez Tchang Kaï Chek, puis sa jeunesse dorée des années 20 aux côtés du tout jeune empereur Bao-Daï, et plus tard, à Préfailles, ses parties de tennis avec René Lacoste. Il racontait Jules Berry, Odette Joyeux, et surtout Sacha Guitry — je dis « surtout » car, à l'entendre en parler, j'avais le sentiment que « le Maître » était son double projeté dans un autre temps — un Robert en noir et blanc. J'oublie les multiples souvenirs qu'il avait aussi partagés avec Édith Piaf, ou sa rencontre inattendue avec

Arthur Rubinstein pendant l'Occupation, à Langon, sur la ligne de démarcation...

C'était un grand conteur. Il n'était pas mythomane, juste hors de son milieu. Un grand rorqual échoué sur une plage normande. Exotique, déraciné, exilé.

Ce qui peut-être me fascinait le plus, c'était le caractère inconditionnel de sa fidélité. « Si tu as fait quoi que ce soit, y compris commettre un crime, tu pourras toujours tout me dire. Sache que je ne te dénoncerai jamais, tu pourras compter sur moi jusqu'au bout. » Cette phrase troublante, combien de fois l'ai-je entendue, et pas seulement à mon égard ? Il pouvait même la dire, dans le feu d'une conversation, au premier venu.

C'est avec Robert que vous faites votre premier grand voyage.

Oui, en Tunisie, l'été 87, celui de mes 19 ans — et de la destitution forcée du président Bourguiba. Il était si heureux de pouvoir me faire découvrir ces nouveaux horizons, de m'ouvrir des perspectives. Il commençait à être âgé, mais j'ai encore appris sur lui durant ce voyage. Il m'a paru soudain plus fragile et, d'une certaine façon, vulnérable.

Nous étions en vacances chez sa sœur Monique, mariée à l'un des fondateurs du socialisme tunisien. Monique avait fait partie du gouvernement Ben Sala, sous la présidence de Bourguiba ; une des premières femmes chrétiennes dans un gouvernement arabe. Une autre époque !

Celle où le président Bourguiba buvait en plein ramadan du jus d'orange à la télé, pour énerver les religieux. Imaginez le scandale aujourd'hui !

Monique et son mari nous ont ouvert les portes de leur belle villa de Carthage, où ils recevaient nombre d'hommes politiques et de diplomates. À ma grande surprise, Robert m'y a paru moins sûr de lui, moins à son aise que je ne l'aurais imaginé. Et plusieurs fois durant cet été tunisien, je l'ai surpris à l'écart, la mine grave et le regard perdu. Quand je lui en ai fait la remarque, il m'a dévisagé d'un air déchirant et m'a dit : « Je pense au retour… C'est tellement, tellement dur d'être seul. » Depuis quelques années, il vivait séparé de ma tante.

J'ai vite chassé cette ombre pour continuer de profiter du voyage.

Quelques jours plus tôt, à son domicile parisien, Franck m'avait montré la chronique quotidienne de ce premier voyage en Tunisie. Un journal de bord conservé dans son jus. L'adolescent y avait noté scrupuleusement, d'une belle écriture déliée, chaque site visité, chaque rencontre intéressante. Entre la narration de son entretien avec un célèbre archéologue, le Père Féron de la mission des Pères blancs, et les descriptions minutieuses de ruines et d'us et coutumes locales, le talent du conteur pointait déjà entre les lignes, avec cet art si personnel des formules et de la chute.

Monique était une femme de grande valeur, très investie dans les œuvres sociales, même si son souvenir reste lié dans ma mémoire à un épisode douloureux. Un après-midi, à l'heure de la sieste, je peinais à me concentrer sur un livre qu'elle m'avait confié, quand je réalisai, par l'écho de portes entrouvertes, que l'on parlait de moi en-bas. Je me levai et descendis la moitié de l'escalier sur la pointe des pieds.

Monique, me croyant assoupi, était en train de dire à mon oncle qu'elle me trouvait immature et peu autonome pour mon âge. « Sans doute beaucoup trop couvé par sa mère », disait-elle. Il n'y a, dit-on, que la vérité qui blesse ; et je me sentis mortifié comme jamais. Seule consolation dans mon infortune : Robert, fidèle à sa fameuse promesse, me défendait bec et ongles. Je l'entends encore lui répondre. « Tu ne le perçois pas dans sa totalité, Monique, il est beaucoup plus intéressant et complexe que tu ne le crois. »

À cette époque, aviez-vous déjà enregistré votre long entretien avec lui ?

Oui, l'été précédent. Il m'avait reçu pendant une semaine chez lui, près de Morlaix, puis, m'ayant ramené à Poitiers, était resté chez mes parents huit jours de plus. Pendant ces deux semaines, j'ai enregistré des entretiens systématiques, afin d'immortaliser les fameuses anecdotes qui, depuis tant d'années, me ravissaient. Tous les jours, j'appuyais sur le bouton rouge du magnétophone et, sans se faire prier, Robert parlait, parlait. Tout y passa : le souvenir charmant des courses de voitures avec Lily Sarraut sur l'avenue Paul-Doumer de Hanoï, le chagrin de son père lorsqu'était morte sa mère, victime d'un mal de Pott... Un monde s'en allait avec lui, mais au moins j'en conserverais la trace.

J'ignorais qu'au passage, j'allais me confronter à l'ambiguïté d'un être.

Nous avions évoqué sa campagne de France, en 1940, le piège de Veules-les-Roses près de Dunkerque, puis son départ pour la captivité et son évasion d'une file de prisonniers. Sa vie plutôt mondaine aux Sables-d'Olonne et à Paris pendant l'Occupation, ses voyages au Maroc où son père était résident général, et les services rendus, sur la Côte d'Azur, à des familles juives en fuite vers l'Espagne, et qui lui demandaient d'aller récupérer, à ses risques et périls, des objets de valeur abandonnés en zone occupée. Vint le chapitre de la fin du conflit.

Soudain Robert, par geste et sans paroles, me demande d'appuyer sur la touche « pause ». Son visage se ferme, il peine à trouver les mots. Enfin, d'une voix plus enrouée que de coutume, il finit par raconter qu'au gré d'un de ses voyages en Afrique occidentale, il s'est laissé entraîner dans une opération douteuse. Un homme d'affaires parisien lui aurait demandé d'obtenir pour lui des renseignements sur la flotte de Dakar.

Il se tait de nouveau et me regarde dans les yeux, inquiet de ma réaction, attendant peut-être des questions que je n'ose poser.

Tant d'années après, toujours désemparé par cette confidence, j'hésite sur le sens à donner à cet épisode. Moi qui consacre ma vie aux mystères de l'Histoire, je n'ai jamais tenté d'élucider cette énigme. À l'époque, son accès de confiance m'a paru à la fois un honneur et une charge. J'étais désemparé. Pourquoi n'en disait-il pas davantage ? Que lui avait-on reproché au juste ? S'était-il rendu coupable d'« intelligence avec l'ennemi » ? Avait-il fait les frais d'un règlement de comptes ?

Le plus déstabilisant, pour moi, était de réaliser que, depuis toutes ces années, je n'avais jamais émis de réserves sur les récits dont Robert m'avait bercé. Ses propos avaient tellement dû flatter ma jeune vanité, par la proximité qu'ils me donnaient avec un monde dont je rêvais, que j'avais perdu la distance salutaire à tout confident.

La terre s'ouvrait sous mes pieds. Je découvrais au même moment la face cachée de mon héros et la complexité des êtres. Ma vision binaire du monde se fissurait-elle ? En tout cas, le doute prenait possession de moi.

L'ombre d'un doute. *Le titre de l'émission qui a fait le succès de Franck Ferrand à la télé me trotte dans la tête… L'historien y présentait sa matière à la lueur de ce questionnement : drames humains, destins contrariés, il explorait les périodes sombres de l'Histoire, entraînant le téléspectateur à la recherche de vérités cachées.* L'ombre d'un doute *donnait à chacun la possibilité de se faire une opinion, au-delà des apparences simplificatrices et des idées toutes faites. Faisait-elle écho au doute qui avait saisi l'adolescent de 18 ans devenu, une après-midi d'été, le confesseur de son oncle ? Alors que nous nous dirigeons silencieusement vers la sortie, je sens qu'il n'a pas tout dit.*

« Monsieur Ferrand, je vous ai reconnu ! » Mèche verte et anneaux dans le nez, notre interlocuteur nous cueille à la sortie du cimetière, son skate bariolé sous le bras. « Je voulais vous dire que j'ai obtenu mon bac grâce à vous. J'étais un cancre au lycée mais j'adorais vos émissions et j'ai eu une bonne note en histoire grâce à vos chroniques sur la Cour à Versailles. Je suis content de vous avoir rencontré ! » Il nous quitte aussi vite qu'il nous a abordés avec un tel enthousiasme qu'il nous ramène, illico, *dans le monde des vivants.*

Sur le boulevard de Rochechouart, puis sur la place de Clichy, la circulation fourmillante de la fin de la matinée finit de nous inscrire dans le présent.

Ce garçon a raison, Catherine. On mémorise plus facilement quand on aime. C'est le secret des bons enseignants. J'ai eu la chance d'en croiser une très tôt, et c'est ce qui a sans doute décidé de ma vocation.

Si Versailles est devenu mon horizon, c'est grâce à Mme Giraudeau, mon institutrice de cours élémentaire. Mon amie Denise, qui conserve absolument tout, m'a offert récemment les textes de plusieurs de ses leçons, ronéotypés sur de petites feuilles. Quand « la maîtresse » abordait Louis XIV, une page était consacrée à la cérémonie du Lever du roi, une autre aux repas du souverain, une troisième aux fêtes de la Cour. À 8 ans, nous connaissions les noms et les fonctions d'Hardouin-Mansart, de Le Brun, de Le Nôtre, de Molière, de Lully, nous lisions dans le texte des extraits de Saint-Simon.

Elle était une conteuse inspirée, et savait captiver un auditoire, il est vrai conquis d'avance. Tous les jeudis après-midi, elle projetait des images Rhodoïd qui devaient dater des années 50, et nous faisait revivre les grandes heures de l'Histoire. Elle nous plongeait sur le champ de bataille de Bouvines — on y était —, nous parlait de Jeanne d'Arc comme si elle l'avait connue, nous ouvrait les portes du Fontainebleau de François Ier... Ayant ainsi enflammé notre imaginaire, elle notait au tableau, d'une écriture scripte parfaite et qui faisait notre admiration, un résumé qu'il nous fallait recopier en écriture déliée, proprement et sans fautes.

Saint-Simon en CE1. Mais dans quelle école élitiste étiez-vous donc ?

Dans une école d'application de l'École normale d'instituteurs ! C'est toute ma chance : avoir eu accès à cette excellence à trois cents mètres de la boutique ! Heureusement que mon père, pour nous maintenir dans le centre-ville, à proximité des bonnes écoles, avait renoncé à reprendre une boucherie à la campagne. L'école du Général-Demarçay recevait donc de fréquents instituteurs stagiaires. Mme Giraudeau enseignait simultanément aux deux classes de CE1 et CE2, tout en prodiguant ses conseils à ces jeunes gens. Il faut vous dire qu'elle possédait un charisme exceptionnel. Mélange de sévérité et de séduction. Nous n'approchions de son bureau qu'avec le trac, et montions sur l'estrade, lorsqu'elle nous y invitait pour réciter un poème ou corriger un exercice au tableau, dans un état d'excitation que je retrouve, aujourd'hui, sur la scène des plus grands théâtres. Si la peur de lui déplaire ne m'avait pas noué l'estomac, chaque matin, j'aurais vécu, à ses côtés, un temps parfaitement heureux. Car Michèle Giraudeau faisait par ailleurs régner la terreur dans la classe. Ses rudoiements, ses deux dictées par semaine, ses interrogations sur les tables de multiplication qui tombaient sans sommation, nous maintenaient dans un état de tension permanente. Pas une once de confort ne nous était octroyée. Elle nous offrait le meilleur mais exigeait la réciproque. Nous étions condamnés à l'excellence. Obtenir la mention « Très bien » était une déception ; « Bien », une sanction. « Moyen » nous condamnait à raser les murs. Il fallait obtenir « Excellent travail ». Résultat de ce permanent état d'urgence : elle nous a tous mis sur orbite. Nombre de ses élèves ont réussi et sont aujourd'hui hauts fonctionnaires, grands avocats, dirigeants d'entreprise…

En dépit de quelques taloches, nous l'adulions. Grande, mince, droite comme un « i », élégante — elle changeait chaque semaine de couleur de cheveux, qu'elle portait courts, et c'était la grande inconnue du lundi. Du jaune citron au noir de jais en passant par le roux flamboyant ou le gris cendré… Tout ce qui la concernait nous fascinait. Avec mon amie Denise, nous voulions tout savoir d'elle, comme on voudrait connaître le moindre détail de la vie d'une rock star.

Le passage au cours moyen m'a fait descendre d'un étage. M. Debiais, le directeur de l'école, était partisan de méthodes plus classiques. Toujours cravaté, sanglé dans sa blouse grise, la chevelure poivre et sel en brosse, cet enseignant vieille France descendait volontiers de l'estrade. Il essayait de nous responsabiliser, confiant à chacun de petites tâches qu'il convenait d'accomplir avec sérieux. Il avait fait sa première classe juste après la guerre et, trente ans plus tard, terminait sa carrière avec nous. En 1978. Avec lui, nulle injonction giraudienne de dépassement : chacun devait simplement donner le meilleur de lui-même. Une fois, je me rappelle, j'avais confondu un attribut du sujet avec un COD. Il s'était accroupi à côté de moi et m'avait murmuré : « Tous les élèves peuvent faire une telle erreur. Mais quand on s'appelle Franck Ferrand, c'est une faute inacceptable. » Une once de flatterie, une pincée de bonhomie peuvent mener presque aussi loin que le psychodrame…

Vous étiez mûr pour le grand saut du collège…

Détrompez-vous : la Sixième — ouverte à tout vent, bousculée, stressante — m'a fait l'effet d'un hall de gare aux heures de pointe. Nous passions d'une petite école préservée de quatre-vingts élèves à une sorte de caserne pleine de sifflets et de sonneries, avec plus de mille élèves. Dix ans après Mai 68, certains professeurs résistaient de toutes leurs griffes à la modernité, d'autres avaient enfourché le cheval révolutionnaire. C'était le cas de notre prof de français ; il se rasait un jour sur trois et n'était pas fervent des règles. En discipline comme en orthographe. Je dois dire qu'il était avec cela très gentil et que, plus tard, j'allais apprendre qu'entre deux cours à Poitiers, il sautait dans un train pour Paris, et rejoignait le séminaire de Roland Barthes ! Les élèves l'aimaient bien, mais les parents d'élèves en avaient fait leur bête noire. Il était celui qui menaçait de faire chuter leurs enfants.

À la maison aussi, on a constaté que je faisais de plus en plus de fautes. Ma mère, préoccupée, a dû en parler au magasin. Et une cliente, Mme Vidonne, qui venait chercher chaque matin deux steaks dans le cœur de filet — l'un pour son petit chien pomponné, l'autre pour elle — s'est proposé gracieusement de me prendre sous son aile. Elle avait été institutrice durant la guerre de 14-18 ; veuve et solitaire, elle était heureuse de reprendre un peu de service.

Mme Vidonne vous a donné des cours particuliers ?

Tous les samedis après-midi, de la Sixième à la Seconde, je me suis rendu chez elle à 16 heures très précises, pour perfectionner mon français. Elle me dictait des textes d'Histoire, qu'elle tirait de la revue à laquelle elle était abonnée : *Historia.* Sa préférence allait à l'un des grands auteurs de ce titre, André Castelot, dont elle appréciait la plume. Elle dictait d'une voix haut-perchée, aigrelette, presque étranglée parfois, et ponctuait sa dictée d'exclamations terribles, dès qu'elle apercevait une faute. À l'heure du verdict, elle me disait, croyant adoucir la peine : « Tu as fait presque autant de fautes que Napoléon III à la dictée de Mérimée. » Soixante-deux erreurs, j'avais de la marge…

Au-delà de l'orthographe, Mme Vidonne s'est prise au jeu de mon éducation ; ne sentant plus que réceptif, elle m'a livré quelques clefs pour l'avenir. Ainsi, estimant que je tenais mal mon stylo — « comme un petit paysan », disait-elle — elle me faisait allonger l'index pour qu'il se trouve « dans le prolongement de la plume ». Elle me donnait des cours pratiques de bonnes manières : la façon de tenir un couvert, quoi demander et quand lorsqu'on est invité, comment s'asseoir sur une chaise, juste au bord, bien droit sans s'appuyer au dossier — alors que je me vautrais au fond, les chevilles enroulées autour des pieds, en me balançant, ce qui l'horripilait —, comment égoutter un parapluie et le poser discrètement dans un coin…

Elle pressentait qu'un jour ou l'autre, mon ambition et mon goût des études allaient me mener dans d'autres milieux que le mien. Je me souviens même du moment cocasse où, en riant, elle m'a appris à faire le baisemain : « Tes lèvres ne devant surtout pas toucher la peau de la dame ! » Une leçon fort utile : des années plus tard, l'une des premières fois où je suis « sorti dans le monde » — c'était au Jumping de Paris, en présence du président Giscard d'Estaing et de son épouse —, j'ai vu que les messieurs faisaient le baisemain et, quand j'ai dû m'incliner devant une kyrielle de dames élégantes, je me suis exécuté comme si j'avais fait cela tous les jours ! Un sans-faute : mon professeur de maintien aurait été fier de moi. Depuis un quart de siècle, chaque grand dîner auquel je suis convié me fait penser à elle et la remercier secrètement.

Vers la fin, nous ne faisions presque plus de dictées. On ouvrait le cahier et il ne se passait rien. Ou plutôt, elle me racontait ses deux guerres, m'expliquait le droit — elle avait travaillé dans une étude d'avocats —, me donnait en quelque sorte une profondeur de champ qui m'extrayait d'un quotidien sans trop d'horizons. Je lui dois beaucoup, comme je dois à mon amie d'enfance, Denise, qui vivait dans un monde plus ouvert que le mien, de m'avoir raconté Paris.

Denise, c'est Paris, mais c'est surtout, pour vous, l'âme sœur…

Nous formions un tandem inséparable. Et nous sommes restés très liés. Par des choses légères, non par des choses graves et lourdes. Denise est la part aimable et joyeuse de mon enfance. Elle me permet de me rappeler que j'ai été un petit garçon heureux. Elle en est le témoin et la garante. Notre complicité n'a pas pris une ride. Pas plus tard qu'hier, nous avons partagé un déjeuner ponctué de fous rires.

Nous étions arrivés chez Franck pour déjeuner nous aussi, tout en égrenant des souvenirs. Il avait mis, sitôt rentré, quelques blinis au four — qu'il a oubliés au point de les transformer en charbon… Il en a ri lui-même :

S'il n'y avait que les blinis ! J'ai bien dû perdre dix chapeaux dans dix restaurants, cent parapluies dans cent taxis…

Je confirme son inattention constitutive, étant tenue régulièrement de lui rappeler les heures de nos rendez-vous et les dates de nos escapades, au risque de disparaître de son agenda. Franck me tend une pochette cartonnée, d'un air malicieux, fier comme le collégien qu'il redevient en évoquant son amie d'enfance.

Regardez cette affiche de cirque ! Denise l'avait précieusement conservée et me l'a offerte pour mes 50 ans. Je rêvais de transformer le grenier, au-dessus du garage de mes parents, en conservatoire du cirque — tout cela au milieu d'anciennes balances que de nouvelles normes avaient rendues désuètes, de liasses de papiers d'emballage, de pelotes de ficelle… J'avais vu, à la télé, le docteur Alain Frère, ami du prince Rainier, qui s'était constitué un véritable musée du cirque. Je voulais agir de même et faire de Poitiers le second Monte-Carlo. Denise me rejoignait le mercredi après-midi, et ensemble nous tracions des plans sur la comète, dessinant les billets d'entrée, peaufinant la muséographie… du grenier.

Il me semble que, tout au long de la vie, les grandes rencontres que nous faisons sont autant d'occasions de nous initier à des parts négligées de nous-mêmes. Vous, Catherine, par exemple, m'amenez, dans un âge où c'est une occupation tout indiquée, à revisiter mon enfance, à me l'approprier sans faux-semblant, et à faire le lien entre l'enfant que j'étais et l'homme que je suis devenu.

J'ai tour à tour rencontré un ami, Sébastien, qui m'a ouvert à la culture classique ; un autre, Christophe, qui m'a fait prendre conscience des contingences du monde et de la nécessité de se montrer efficace ; un autre encore, Thibaut, mon associé de Cassiopée, qui m'a révélé la dimension spirituelle et métaphysique de la vie. Denise, pour sa part, m'a rendu sensible à la précision du geste, à l'attention portée aux détails ; il y avait, dans les jeux qu'elle organisait pour nous, une méticulosité contagieuse.

Autant dire qu'elle était l'équipière idéale ; j'avais en face de moi une petite fille apaisée et apaisante, saine, équilibrée. Elle tranchait avec d'autres filles de la classe, moins bienveillantes sans doute, et abusant des faiblesses d'un petit garçon habitué à trop obéir à sa mère.

C'est la première fois que j'entends Franck porter un bémol à la tendresse infinie qui le lie à sa mère. Parfois, l'excès d'amour peut devenir redoutable, et fragiliser celui dont il est l'objet. Mais ne nous égarons pas et tenons le fil de notre enquête.

Denise n'était pas seulement l'âme sœur ; elle ouvrait votre univers provincial à l'air de la capitale...

En effet, elle se rendait à Paris régulièrement. Moi aussi ; mais quand c'était le cas, nous nous cantonnions essentiellement au quartier des Buttes-Chaumont, où habitait Janine, la sœur de Papa, et son mari Féfé. Le père de Denise était tailleur sur mesure, et se rendait, avec son épouse et sa fille unique, une semaine par an au salon de l'Habillement. Comme Denise était très bonne élève, les professeurs lui donnaient l'autorisation de s'absenter des cours. C'était l'occasion pour elle, notamment, de se rendre dans les locaux d'Europe 1, alors rue François-Ier, pour assister à l'émission populaire de Pierre Bellemare, *Le Sisco*, qui égayait la mi-journée de bien des Français. Je la pressais, au retour, de me narrer son week-end dans le moindre détail, tâche dont elle s'acquittait avec beaucoup d'enthousiasme. Au fond de moi, ce qui me fascinait dans tout cela, c'est qu'elle ait pu être en contact, même de loin et subrepticement, avec des « personnes » — celles que nous avons évoquées plus tôt. Le fait qu'elles les aient rencontrées en chair et en os donnait corps à mes désirs, m'incitait à ne pas renoncer à mon rêve d'appartenir un jour, « quand je serais grand », à ce monde-là.

« Quand je serais grand ». Il aura fallu des rencontres, des mains tendues au jeune Franck, des médiateurs, pour lui mettre le pied à l'étrier. Il manque pourtant, chez tous ceux qu'il a évoqués, la dimension politique, celle qui permet d'analyser l'histoire des hommes et des idées. Celle qui l'a mené à présenter le concours de Sciences Po et à quitter, enfin, Poitiers.

Parmi tous ces éveilleurs, n'avez-vous oublié personne ? Comment êtes-vous devenu ce passionné de politique qui, aujourd'hui, se nourrit de débats télévisés et d'éditoriaux engagés ?

Vous m'incitez à évoquer une autre figure de mon enfance : mon grand-oncle Robert — encore un Robert ! —, mari d'Yvette, la sœur de mon grand-père maternel. Il a été mon éveilleur aux questions politiques. C'était un homme de culture, mais une culture accessible à tous, par le disque, le livre, le cinéma, la presse… Lecteur assidu de la presse, il regardait *Le Grand échiquier* de Jacques Chancel, et réécoutait sans s'en lasser un poème symphonique aujourd'hui passé de mode : *Poète et paysan*.

Avec ma grand-tante, ils habitaient une belle maison de la banlieue de Bordeaux, où j'avais plaisir à venir passer des week-ends ou des vacances. La grande terrasse couverte, le jardin de rocailles, les jolies chambres où nous jouions à cache-cache avec leur fille, Corinne, étaient pour moi la maison rêvée. Dans le cadre de ses activités de maître d'œuvre — il construisait notamment des stations-service —, il était amené à rencontrer des personnalités politiques, notamment le maire de Bordeaux, Jacques Chaban-Delmas. Il conduisait sa DS avec superbe et nonchalance. Il parlait haut, vivait bien, promenait son setter sur les plages de l'Atlantique, possédait une jolie bibliothèque et était grand amateur de Mérimée et d'Alfred de Vigny.

Dès l'adolescence, je me lançais avec lui dans d'interminables discussions — toutes enflammées — à propos de Rocard, Giscard, Chirac... L'élection de François Mitterrand, le plan de rigueur de Pierre Maurois, nous tenaient tout le repas, jusqu'à ce qu'on nous fasse comprendre, la table étant débarrassée, qu'il fallait lever le camp. La star incontestée du débat de l'époque, c'était Georges Marchais, secrétaire général du PCF et dont la faconde et la mauvaise foi faisaient mes délices.

Robert — ce Robert — était par ailleurs un auditeur assidu d'Alain Decaux, et je me dis qu'avec Mme Vidonne, il a sans doute contribué à me rendre sensible au talent de l'académicien.

Des années plus tard — c'était en 2003 —, les circonstances ont fait que j'ai publié un ouvrage chez Perrin, l'éditeur de Decaux, au même office que celui qu'il consacrait à saint Paul. Mon livre portant sur le destin de Versailles depuis la Révolution, je pensais naïvement qu'il allait m'attirer les faveurs du public. Or, en deux mois, *L'Avorton de Dieu* a battu des records de ventes — plus de 200 000 exemplaires, je crois — alors que mon Versailles stagnait sous les 2 000. Abattu par ce constat, je me suis permis d'en dire un mot à M. Decaux, lors d'une signature en commun. Il a ri et m'a prodigué le plus important des conseils : « Le public, me dit-il, n'achète pas un sujet, mais un auteur. Devenez célèbre et vous vendrez des livres ! »

Je partage le désarroi de Franck — Alain Decaux est bien aimable mais il ne donne pas la recette...

Et comment fait-on pour devenir célèbre ?

C'est précisément ce que je lui ai demandé ; il m'a conseillé de faire de la télévision. Sauf que, depuis l'enfance, je m'étais pour le moins éloigné de la télé — je ne possédais même pas de poste pendant mes années d'études. J'ai donc traduit : « Faites de la radio » ; à l'époque, j'étais devenu proche d'Ève Ruggieri dont, pendant toute la durée de mes études, j'avais tant écouté les récits sur France Inter. Sans posséder son charme ensorcelant, je me disais que je pourrais peut-être, comme elle le faisait si bien, raconter moi aussi la vie des figures célèbres du passé...

C'est ainsi que, décrochant mon téléphone en faisant une violence extrême à ma réserve native, j'ai appelé le standard d'Europe 1. C'était en avril 2003, et j'avais, le mois précédent, été reçu par Jacques Pradel pour parler de Versailles.

La personne du standard — à l'époque, il y avait encore de vrais standardistes — m'a demandé si j'étais « auditeur » ou « professionnel ». Dans le feu de l'action, j'ai répondu : « auditeur ». Il a donc fallu que je rappelle pour préciser que je souhaitais parler au directeur des programmes. « C'est une directrice », me dit la dame. « Va pour la directrice ! » Et elle me bascula sur la boîte vocale de Muriel Hees.

« Bonjour, je m'appelle Franck Ferrand, j'écris des livres que personne ne lit, et je sais, depuis toujours, que je suis fait pour la radio. Si vous avez envie de programmes historiques, je suis votre homme. » En raccrochant, j'avais tellement honte que je suis allé faire une longue promenade avec mon chien, pour essayer d'oublier ce faux-pas dont je ne doutais pas qu'il me poursuivrait toute ma vie. Au retour, le répondeur affichait deux messages. Le premier : « Bonjour, C'est Muriel Hees, rappelez-moi, s'il vous plaît. » Le second : « Oui, encore Muriel Hees ; si vous avez vraiment l'intention de faire de la radio, il va falloir être beaucoup plus réactif ! » J'ignorais alors qu'Europe 1 était à la recherche d'un historien pour l'été ; deux mois plus tard, j'étais en direct sur l'antenne, avec une émission quotidienne !

L'amie d'enfance dévouée, le tandem d'enseignants exigeants, les deux oncles Robert, l'un qui apostrophe en latin, l'autre qui parle politique, l'historien Alain Decaux bien sûr. On ne parle pas beaucoup, dans tout cela, d'un certain Stéphane…

Vous avez rencontré Stéphane Bern dans le monde de la radio ?

Mais pas du tout ! À l'époque où je suis entré à Europe 1, cela faisait déjà des années que Stéphane et moi étions meilleurs amis. Une connaissance commune avait eu la bonne idée d'organiser un dîner pour nous mettre en relation. Il me parlait depuis longtemps d'un certain Stéphane qui me ressemblait comme un frère, et lui disait d'ailleurs la même chose de moi. L'un et l'autre lui avions répondu : « Si c'est vrai, présente-nous ! » C'était vrai. Nous nous sommes en quelque sorte reconnus dès le premier échange ; avant la fin de ce dîner, l'un terminait les phrases de l'autre. Ainsi est née une complicité qui ne s'est jamais démentie. Stéphane m'a ouvert beaucoup de portes, m'a introduit dans les marges du Gotha et du monde des têtes couronnées.

À l'époque, vous n'étiez pas concurrents dans les médias ; mais entretemps, passionnés tous deux d'histoire et de patrimoine, vous auriez pu le devenir…

Nous avons marché parfois sur le fil du rasoir ; mais en toute circonstance — même lorsque ce métier s'est ingénié à nous confronter, voire à nous opposer —, nous avons considéré, l'un comme l'autre, que l'amitié qui nous unissait était infiniment supérieure aux sources éventuelles de conflit. J'emploie le terme d'amitié, mais il serait peut-être plus juste encore de parler de fraternité ; Stéphane est en quelque sorte le grand frère que je n'ai pas eu — ayant par ailleurs un petit frère dont vous savez combien je suis proche.

Aux yeux de Stéphane, je suis un peu « l'oiseau sur la branche », l'incurable rêveur. Lui qui pense à tout, anticipe la moindre épreuve, est sidéré de l'inconscience avec laquelle j'avance dans la vie. « Mais dans quel monde vis-tu ? » S'il ne m'a pas posé la question mille fois, il ne l'a jamais posée. Pour moi, il est le décideur, l'homme de responsabilités qui ne laisse rien au hasard — combien de fois, découvrant après coup la raison de telle ou telle action ou déclaration de sa part, et mesurant sa portée à la lueur des conséquences, j'ai salué bien bas sa maîtrise des choses. Certains disent que nous nous complétons ; je dirais plutôt que nous nous stimulons mutuellement.

Franck serait-il béni des dieux ? Une chaîne ininterrompue d'éveilleurs semble, en tout cas, s'être donné le mot pour lui tendre la main, lui ouvrir des portes qui auraient dû rester closes. Quel magnétisme mène le petit garçon puis le tout jeune homme à attiser l'intérêt, la sympathie, le soutien de ses semblables ? Quel feu intérieur, quelle volonté secrète, quelle soif d'apprendre fait des émules, pousse ses proches, ses enseignants à accompagner ce qu'ils pressentent être un destin peu ordinaire ? Un destin qui le fait, tout petit, s'intéresser davantage aux batailles et aux couronnements qu'aux bagarres de la cour de récréation, rêver au « Roi-Soleil » plutôt qu'à une victoire à la Balle-au-prisonnier.

Si l'on en croit ses confidences, Louis XIV incarne le rêve de grandeur et de magnificence du petit écolier. Il lui faut, coûte que coûte, se rendre à Versailles. Et nous, l'y suivre pour découvrir ce que la maison des rois, les façades de Jules Hardouin-Mansart, les parterres de Le Nôtre ont à nous dire de lui.

Stéphane Bern, l'autre frère : « Franck préfère donner que prendre »

« Franck est mon frère d'élection. Tout nous rapproche. Et d'abord, la grande chance de pouvoir vivre, tous deux, de la passion de l'Histoire qui nous anime depuis l'enfance. Nous partageons aussi la fierté de nos origines : même si nous fréquentons le Gotha, ni lui ni moi n'oublions jamais d'où nous venons. Notre force commune, c'est de ne jamais nous prendre pour les "princes" que nous fréquentons. Notre sens de l'humour nous aide à garder la tête froide : nous sommes tous deux moqueurs, nous aimons rire de tout et d'abord de nous-mêmes.

Plus profondément, nous avons en commun une certaine idée de la grandeur et de la France : nous nous vivons tous deux comme les derniers témoins d'un monde dont les couleurs s'estompent. Un monde qui tient à la fois de la hauteur du Grand Siècle et de l'élégance de Proust. Un monde où la noblesse, la courtoisie, la galanterie sont de mise. Un monde fait de devoirs plus que de droits. Un monde qui nous appelle à poser des actes qui nous dépassent. Un monde où l'on doit payer sa quote-part, donner de soi avant de prendre.

Notre passion commune pour l'art et le passé nous a soudés autant que les épreuves que nous avons traversées : nous avons dû, chacun, affronter le deuil prématuré de notre mère, avec laquelle nous entretenions des liens privilégiés.

Rares sont les êtres, dans nos métiers d'animateurs surexposés, auxquels on peut accorder sa totale confiance. Franck est de ceux-là ; j'ai d'ailleurs fait de lui l'exécuteur testamentaire de ma Fondation pour l'histoire et le patrimoine.

Nous sommes frères d'âme mais pas jumeaux pour autant. Nos personnalités sont très différentes. Franck est un contemplatif, un rêveur ; il éprouve le besoin viscéral de s'extraire du fracas du monde, de se protéger de la vulgarité du quotidien. Je ne partage pas son côté Pierrot lunaire. Quand il se réfugie sur son mont Palatin, j'aime le contact de la foule, j'ai besoin de me colleter avec la réalité, de faire bouger les lignes. Je suis dans la force, quand il privilégie la forme. J'aime aller de l'avant, lui préfère flâner, s'attarder. Quand nous écrivons des livres ensemble, nous nous complétons à merveille : je lance l'idée, il la met en mots, l'enrichit de sa culture encyclopédique, je vise le but, il l'enrobe de poésie. On me prête un don de passeur, lui est un immense conteur.

Ses succès me réjouissent. Les miens le stimulent. Je lui ai ouvert quelques portes au début de sa carrière mais il ne doit son succès qu'à lui-même. Ceux qui veulent nous faire battre en duel repartent toujours bredouilles. L'Histoire a besoin de ses deux serviteurs ! »

Chapitre 5

Le chemin de Versailles

Au château du Champ-de-Bataille, dans l'Eure

Franck m'entraîne aux confins de la Normandie, chez un de ses amis les plus fidèles, le célèbre décorateur Jacques Garcia. La demeure, bâtie pour un grand seigneur frondeur, exilé par Mazarin, est une des plus importantes du XVII*e siècle en France ; on l'attribue même à Le Vau, le premier architecte de Versailles. En pénétrant dans la vaste cour d'honneur — un carrousel bordé de deux arcs de triomphe —, je suis impressionnée par l'effet de miroir que crée la similitude entre le corps de logis et les communs. Des communs traités comme un palais.*

À peine sommes-nous arrivés que le maître des lieux fait irruption dans la cour, à son tour, au volant d'une voiturette de golf qu'il conduit tel un pilote de course. Suivent deux autres voitures pleines d'invités — antiquaires de la rue de Beaune, conservateur de musée, amies parisiennes… L'homme, entouré de cette petite cour, m'apparaît dans toute sa splendeur : royal, meneur et intrépide. Son accueil n'en est pas moins chaleureux. Il laisse à Franck le soin de m'initier aux charmes des lieux et aux codes de son petit monde.

Franck : Lorsqu'en 1992, Jacques a acquis le Champ-de-Bataille, cela faisait plusieurs années que le duc et la duchesse d'Harcourt s'en étaient défaits. La maison, un peu en souffrance, était surtout connue pour son golf dix-huit trous. Jacques a tout de suite pris très à cœur ce qu'il a vécu comme une mission : rendre les lieux à leur splendeur native ; leur redonner, pour prendre son expression, « l'allure d'un palais, mais à la campagne ». Je ne suis arrivé qu'en 1995, mais depuis lors, j'ai eu la chance inouïe d'assister aux premières loges à la transfiguration de l'architecture, des décors intérieurs et de jardins qui sont même une création pure et simple.

Catherine : Mais comment avez-vous fait pour mériter un tel privilège ?

Le sésame s'appelle Versailles, Catherine ! J'avais fait la connaissance de Jacques grâce à Stéphane Bern ; au cours d'un dîner chez notre ami commun, nous nous sommes découvert une passion identique pour le Grand Siècle. C'est bien simple : lors de cette première soirée, nous n'avons pas décollé les yeux de l'ordinateur de Stéphane ; le premier jeu vidéo dédié au chef-d'œuvre de Louis XIV venait de sortir ! Lequel de nous deux était le plus incollable ? Lui, sans aucun doute ; mais le fait est que nous brûlions du même feu. Ce soir-là, nous nous sommes « reconnus », tels des jumeaux d'élection. J'ai très vite « eu ma chambre » au Champ-de-Bataille.

La vie de château, telle que vous la rêviez dans votre enfance !

C'est même plus extraordinaire que cela. Lorsque j'avais 12 ou 13 ans, je m'évadais volontiers du réel — notamment lors des cours de maths, de physique — dans un château imaginaire que je ne cessais de réinventer dans ses moindres détails. Croyez-moi sur parole : le jour où j'ai mis le premier pied au Champ-de-Bataille, ce fut comme si, avec une exactitude confondante, mon rêve avait pris corps et racines. Tout était présent, du décor rêvé de mon enfance — en plus fastueux peut-être... Je ne pense pas que, dans la durée d'une vie, il soit possible de vivre plusieurs fois d'aussi puissantes émotions. J'étais tellement transporté, si exalté, que j'ai mis des jours à m'en remettre. Moi qui n'avais jamais connu d'insomnie, je suis resté toute la nuit qui a suivi cette découverte, les yeux grands ouverts, dans un état d'exaltation inédit.

Jacques Garcia a dû sentir votre éblouissement...

Évidemment. Du reste, il sent tout à la première seconde, comme je n'allais cesser par la suite de m'en rendre compte. À ses côtés, année après année, je suis devenu l'un des témoins privilégiés d'un chantier pharaonique. L'élan visionnaire de Jacques, sa fougue et son talent mêlés, transformaient les lieux de semaine en semaine. À commencer par ces jardins.

Franck, chapeauté d'un Panama clair, rejoint, au volant de notre voiturette, la « caravane de golf », emmenée par Jacques Garcia à un rythme d'enfer. Nous parcourons les quelque quarante ou cinquante hectares d'un parc à la française créé de toute pièce, dans le bruissement de milliers de charmilles, de tilleuls et d'ifs, faisons des haltes féériques au bassin circulaire de la Source, au temple du Trésor de Léda, au Théâtre de verdure, aux escaliers de la Grande Cascade… Et terminons notre escapade par la découverte d'un lieu inaccessible au public, protégé par une porte moghole ancienne. Un fabuleux ensemble palatial indien XVIIe *siècle, importé du Rajasthan et remonté pierre à pierre. Une forteresse en grès rouge se reflétant dans un immense bassin bordé d'iris… Avec ses moucharabiehs, ses plafonds polychromes de bois sculpté, ses étoffes précieuses, le « pavillon des Rêves » me paraît être un palais des* Mille et une nuits.

Subjuguée par ce voyage dans le temps et l'espace, je pense avoir atteint le sommet du week-end. L'après-midi touche à son terme et je suis soulagée d'avoir l'autorisation de gagner ma chambre pour « digérer » tant de splendeurs.

Je m'apprête à m'esquiver discrètement quand Franck, mi-figue mi-raisin, me chuchote : « Je vous rassure, Catherine ; vous n'avez encore rien vu ! » J'acquiesce, dubitative. Quand, un peu plus tard, à l'heure du dîner, je découvre, après avoir traversé une enfilade de salons luxueux, la table étincelante dressée dans la grande salle à manger, j'admets qu'effectivement, je n'avais encore rien vu.

Nappe, vaisselle, chandeliers brillent de mille feux dans l'écrin d'une immense pièce. Franck m'explique qu'il a fallu des années au maître de maison pour rassembler les chaises, toutes de provenance royale, issues des demeures privées de Louis XV. L'immense service de Sèvres, au complet, s'inspire du bestiaire de Buffon ; il n'en existe que deux au monde ; l'autre est chez la reine d'Angleterre. Et que dire des guéridons de Carlin faits pour Mme Du Barry, des tables de Garnier conçues pour Marie-Antoinette, des consoles de Weisweiler, des commodes de Riesener, des pare-feu dessinés pour le banquier Crozat ?

La collection est proprement incroyable. Franck, qui la connaît par cœur, va trop vite, passant d'un objet à l'autre sans me laisser le temps d'absorber, encore moins de noter toutes ses références.

Le maître de maison place ses invités. Je me retrouve à sa gauche, entourée de ses lévriers whippets, dont les noms sont empruntés au cinéma de Visconti : Tadzio, Livia et tutti quanti ! Après nous avoir lu le menu à haute voix,

Jacques Garcia lance la conversation sur le monde qui est le sien, peuplé de grands mécènes et de marchands d'art inaccessibles. De quoi intimider la néophyte que je suis. Mais Jacques Garcia est un hôte délicieux qui, depuis la minute où il m'a saluée, n'a pas perdu de vue l'objet de ma venue : mon projet de livre sur l'enfance de Franck.

Avant de se prêter au jeu de l'interview, il entend connaître ma vision de son protégé. C'est moi la journaliste mais c'est lui qui pose les questions. Je ne m'y trompe pas : la collaboration du maître des lieux dépendra de ma réponse. J'ai une minute pour choisir entre un discours convenu et un témoignage sincère, venant du cœur. Je choisis d'être moi-même avec le sentiment de jouer ma soirée à pile ou face. Sous le regard perçant de mon interlocuteur, de ces regards qui vous jaugent en un quart de seconde, je comprends que j'ai gagné à être vraie : il va me parler.

Alors que le maître d'hôtel et les garçons de table virevoltent autour de nous, Jacques Garcia évoque Franck avec la tendresse et la fierté d'un père. Nous rions, partageons nos ressentis, rapprochés par notre affection commune. De l'autre côté de la table, Franck me sourit, rassuré, sentant que la partie est gagnée. Jacques Garcia est bien l'homme exigeant et généreux qu'il m'a décrit. L'homme de cœur qui l'a associé à cette incroyable aventure. Le magicien qui a su recréer les fastes du XVIIIe siècle sans renoncer au bonheur de vivre. Son mot d'ordre : « Allier grand genre et manières simples, vie de château et vie facile ! Et faire que tout cela palpite ! » Et ce soir, entre les grands chandeliers d'argent dont les flammes dansent à l'infini au creux des miroirs biseautés, face à la perspective du parc illuminée de torches, la vie palpite. Nous sommes à Versailles.

Au sortir de table, je relance Franck sur cette obsession versaillaise qui participe à sa notoriété.

D'où vous vient cette passion de Versailles ?

J'avais 7 ans. Une après-midi, en rentrant de l'école, ma mère me trouve les yeux tout brillants encore d'une leçon de Mme Giraudeau sur la cour de Louis XIV. Maman, trop heureuse sans doute de pouvoir nourrir cette curiosité naissante, m'annonce qu'elle va me donner quelque chose. Sitôt rentrés, elle monte à l'étage et se met à fouiller dans un petit placard que mon frère et moi avions interdiction d'ouvrir. Elle en extrait un livre enveloppé dans du papier cristal, et me le tend. Ce n'est pas un album illustré de planches colorées mais un simple manuel noir et blanc signé Adhémar de Montgon et publié par les éditions Nathan. Un prix qu'elle avait reçu, à l'époque où, elle-même, était écolière. Sur la couverture cartonnée, Versailles se détache, en lettres capitales, comme une promesse. Je l'ouvre. Sur la page de garde, une étiquette bleu et blanc indique : *Collège de la Providence, Prix d'excellence, 1957.* La providence et l'excellence… Le mal, si j'ose dire, était fait ; j'ai pris le chemin de Versailles.

Il tient l'ouvrage avec émotion et l'entrouvre délicatement pour me le faire humer.

Vous sentez ce parfum suave, Catherine ? Ces effluves d'encre, de cire et de papier jauni ? Je ne l'ouvre que rarement, de crainte que ne se dissipe ce parfum d'enfance. À chaque manipulation, l'odeur perd un peu de sa force.

Il tient ce livre comme un talisman : toute la tendresse d'une mère et les rêves de son petit garçon semblent se lover entre ses pages.

Que racontent ces précieuses pages de Versailles ?

Elles abritent un lieu hors du temps, à l'abri du réel, un lieu à l'opposé de la maison des courants d'air. Tout y est solaire, calme et désert.

En quelques jours d'une lecture compulsive — je me revois traînant ce manuel jusqu'à La Rochelle, chez mes grands-parents —, j'apprends à connaître un palais qui va devenir l'écrin de mes rêves. Désormais, le seul nom de Versailles me fera dresser l'oreille ; j'essaierai, à ma mesure d'enfant, de tout savoir sur ce domaine onirique.

Cet album pour la jeunesse possédait une seconde vertu : magnifier l'anecdote — et pour cause : des années plus tard, je devais découvrir que son auteur n'était autre que le gendre de Gosselin Lenotre, le « pape de la petite histoire ». Au détour d'une page, ou d'un couloir, on croise Louis XIV réprimandant son ministre Louvois sur les proportions d'une croisée d'un Grand Trianon en construction, Louis XV furieux contre des pages qui se sont bêtement amusés à persécuter son chat persan, Marie-Antoinette s'affublant de coiffures élaborées comme des pièces montées, les fameux « poufs », semés d'objets hétéroclites : pouf « à la sultane », « à l'américaine », « aux sentiments » dans lesquels les dames de la Cour piquaient des portraits de leurs galants…

Vous deviez brûler de vous rendre sur place !

Il fut un temps — vers 10 ou 11 ans — où je n'avais que le château à l'esprit. Je pressais mes parents de m'y conduire, mais mon père, accaparé par son commerce, ne se décidait jamais. Ma passion augmentait de ce rêve de voyage sans cesse repoussé. Jusqu'au jour d'octobre 1978 où je me suis retrouvé, pour les vacances de la Toussaint, à Paris chez ma tante Janine, la sœur de mon père. Paris, tout proche du séjour des dieux ! « Si tu veux, me dit-elle, nous irons à Versailles. » Cette proposition aurait dû me ravir ; au fond, elle ne me réjouissait qu'à moitié : des années de rêve m'avaient rendu ces lieux inaccessibles par principe, et l'on me proposait de m'y rendre en trente minutes par le train de banlieue partant de Saint-Lazare ! Cette impression inavouable a-t-elle joué un rôle dans ma déception finale ? Mon livre de chevet m'avait habitué à l'harmonie lumineuse d'un palais de papier ; j'avais rêvé ses façades rectilignes, presque idéales, côté jardins ; nous sommes arrivés côté cours sous un ciel gris, pour découvrir de tristes, sombres façades brique et pierre. Franchie la grille d'honneur surmontée des armes de France, nous nous sommes tordu les pieds sur une mer de pavés inégaux, placés là sous Louis-Philippe, et sommes tombés sur des portes closes : c'était un lundi, jour traditionnel de fermeture à Versailles ! Un comble !

Le lendemain, ma tante ayant attribué ma grise mine à cette bévue, nous étions de retour, cernés cette fois par des hordes de visiteurs et vendeurs ambulants qui polluaient la cour royale. Nous n'avons visité que le Grand Appartement, alors entièrement démeublé et patiné par les siècles — les grandes restaurations et le remeublement sont venus plus tard. De retour à Poitiers, j'ai occulté cette confrontation déplaisante au réel pour replonger de plus belle dans mes livres et retrouver avec bonheur mon Versailles — le seul possible.

Il y a déjà beaucoup de vous dans cette attitude de résistance au réel.

Cela fut, dès mon plus jeune âge, une question de survie. Je me suis tôt évadé par l'esprit du cadre ingrat du magasin. Mes parents l'avaient compris avant moi. Ma mère pressentait mes aspirations secrètes à m'évader. Mais mon père aussi, avec son bon sens chevillé au corps ; il comprenait que le métier qu'il tenait de son père et de son grand-père ne se transmettrait pas par moi à la génération suivante. En somme, j'avais deux vies. Un quotidien d'écolier et une existence imaginaire, dont les portes auraient pu être les grilles du château de Versailles.

Notez que j'ai tôt transmis cette passion à l'un de mes cousins, Guillaume, le fils de mon parrain Philippe — je suis moi-même parrain de sa sœur... Guillaume a une dizaine d'années de moins que moi ; à force de m'entendre toujours parler de Versailles en termes énamourés, il a fini par s'intéresser lui aussi au domaine royal, jusqu'à en devenir un spécialiste émérite. Dans le même ordre d'idées, j'ai transmis à mon cousin germain, Christophe, le fils de Gisèle, mon goût du cirque. Autant dire que j'ai inoculé à mes cousins les virus de mes passions ; ils auront été mes premiers auditeurs... Ou mes premières victimes !

Pour revenir à Versailles et à votre royaume imaginaire, vous n'hésiterez pas, jeune adulte, à vous installer aux portes du domaine.

En effet, au tournant du siècle — *le nôtre, je vous rassure !* — je suis allé vivre à Versailles. Nous nous étions installés rue de Satory, aux portes du domaine national. Durant trois années, je me suis offert le luxe de longer tous les soirs, à vélo, le Grand Canal, à la poursuite de Phébé, ma petite chienne jack russel ; nous sillonnions les allées du grand parc. À cette époque j'écrivais mon premier livre dédié à Versailles — comme l'aboutissement d'un rêve d'enfant — *Ils ont sauvé Versailles* [devenu, lors de l'édition de Poche chez Texto, *Versailles après les rois*].

J'ai dû malheureusement renoncer au charme de cette vie dorée en décembre 2003, pour assumer sans trop de sueurs froides mon nouveau statut d'animateur de radio : les trajets quotidiens de la cité royale aux studios d'Europe 1 étaient trop aléatoires ; un RER toujours en panne ou en grève, des liaisons routières encombrées deux jours sur trois m'ont fait renoncer au voisinage des monarques.

Y a-t-il jamais renoncé ? Pour moi comme pour ses auditeurs, le nom de Franck Ferrand est inséparable de Versailles. Du reste, début 2008, à l'occasion de l'exposition « Quand Versailles était meublé d'argent », il avait guidé les lecteurs du Pèlerin *dans le Grand Appartement du Roi, du salon d'Hercule à la galerie des Glaces, auréolée des reflets du métal dans les grands miroirs. Fasciné par sa connaissance intime des lieux, son aisance naturelle à s'y repérer et à s'y mouvoir, un abonné de notre hebdomadaire m'avait confié : « Franck Ferrand semble chez lui. » Je partage, ô combien, ce point de vue. Mais ce que le visiteur ignore, c'est que cette occupation mentale des lieux est très ancienne. Elle remonte au temps où le petit Franck, en culotte courte, cherchait une demeure enchantée, un décor assorti à sa soif de beauté, un écrin fantastique où nicher ses rêves.*

Parmi les trois livres que vous avez consacrés à Versailles, votre évocation biographique de Gérald Van der Kemp m'a touchée. On vous sent proche de ce grand monsieur.

J'ai eu la chance, grâce à mon amie Silvita Gallienne, de pouvoir le croiser au soir de sa vie — et une fois encore, c'est un héros de mon enfance que j'étais amené à rencontrer. VDK, comme le surnommaient ses confrères — pas toujours avec bienveillance —, a été conservateur en chef de Versailles pendant vingt-sept ans, de 1953 à 1980. L'une de ses éminentes collaboratrices, Béatrix Saule, m'a souvent parlé de ce patron charismatique et visionnaire qui avait ressuscité un musée en perte de vitesse, réformé son organisation, mené de vastes chantiers de restauration et surtout de remeublement, grâce aux amis fortunés de sa seconde épouse, l'Américaine Florence Harris, proche de l'administration Nixon.

Il est aussi « L'homme qui a dormi avec Mona Lisa » !

Et c'est le sous-titre de la biographie dont vous parlez — son épouse, la commanditaire de l'ouvrage, y tenait absolument. La presse américaine l'avait ainsi surnommé, en souvenir de son principal fait d'armes : attaché de conservation au Louvre au moment de la guerre, en 1939, il avait été détaché à Valençay, pour surveiller les trésors réfugiés du grand musée, notamment la *Victoire de Samothrace* et *Les Esclaves* de Michel-Ange. En 1944, il avait, sous la menace de la division SS *Das Reich*, sauvé ces chefs-d'œuvre d'une destruction à peu près certaine. Pour le remercier, le grand patron des Beaux-Arts, Jaujard, l'avait nommé à Montal, dans le Périgord, à la tête d'un dépôt secret font le joyau n'était autre que la *Joconde* ; et de fait, pendant plusieurs semaines, prenant sa tâche très à cœur, il la plaçait chaque soir au pied de son lit, sur un chevalet. De quoi faire rêver les Américaines — dont son épouse Florence — et certaines Françaises, je le constate en vous écoutant *(rires).*

Après avoir quitté Versailles, en 1980, le couple Van der Kemp s'est installé à Giverny, dans le domaine de Claude Monet. Vous voyez que je vous ai bien lu ! Est-ce là que vous avez recueilli ses souvenirs de carrière ?

Ils m'ont reçu à Giverny deux semaines entières ; mais pour tout vous dire, la confession n'est pas venue si facilement. Un matin, Florence m'explique qu'elle doit se rendre à Paris pour la journée. Vers 11 heures, comme cela se fait dans les bonnes maisons, le maître d'hôtel vient me demander à quelle heure je souhaiterais déjeuner. Je lui réponds que je me conformerai aux souhaits de M. Van der Kemp. « Alors, 13 heures », me dit-il. En arrivant à la salle à manger — une partie de l'atelier de Monet qui donnait, par une grande baie, sur le célèbre jardin alors sous la neige —, je constate que le maître de maison est déjà installé — il m'a épargné avec sa coquetterie coutumière les manœuvres, pénibles à sa dignité, de son fauteuil roulant. Et d'entrée de jeu : « Alors que voulez-vous savoir sur Versailles ? » Cachant ma surprise, j'ai répondu : « Tout. »

Ce fut, quatre ou cinq heures durant, un flot de confidences. L'ancien patron de Versailles tira de sa mémoire un peu flottante analyses politiques, anecdotes et portraits, stigmatisant tour à tour la médiocrité des administrations et la malhonnêteté du personnel politique. Enveloppé dans son monologue, j'observais le jour tomber sur les jardins dépouillés par l'hiver. Dans la pénombre, je ne savais plus très bien qui me parlait : VDK ou mon oncle Robert ?

Que vient faire Robert à Giverny ?

La posture de commandeur, les accents nostalgiques, la philosophie un brin rigide, tout me ramenait à Robert — mais un Robert qui aurait pu aller au bout de ses ambitions et apporter sa touche au monde.

Pour revenir à la confession de VDK, elle a bien failli n'être jamais partagée. En effet, de crainte de briser le charme, je n'ai jamais osé l'interrompre pour aller chercher un stylo et un carnet. Quand, fatigué, il s'est tu — quelques minutes seulement avant qu'on entendît rouler sur les graviers la voiture de Madame — j'ai filé dans ma chambre, à l'étage, et transcrit de mémoire, comme en transe, la substance de ce qu'il m'avait raconté.

Je me rappelle qu'un mot était sans cesse revenu à sa bouche : celui de grandeur, englobant je crois les notions de noblesse, d'élévation, de rayonnement… C'est pour cela que, plus tard, dans le *Dictionnaire amoureux de Versailles*, je devais consacrer une entrée entière à ce terme. Mais pour vous livrer le fond de ma pensée, le « grand genre », comme l'appellent les dix-septiémistes, je le retrouve aujourd'hui moins à Versailles qu'ici, chez Jacques, au Champ-de-Bataille.

Au fait, où sommes-nous ? Chez Louis XIV ou chez Jacques Garcia ? Toute la nuit, je vais chercher le sommeil dans un extraordinaire lit à baldaquin. Et ce dimanche matin, je retrouve un Franck frais et dispos pour une traversée interminable de salons d'époque Louis XIV, Louis XV ou Louis XVI… N'y aurait-il pas, quelque part, une petite étagère Ikea pour reposer mes yeux irradiés ?

Franck, comme un poisson dans l'eau, inconscient de mon état de saturation, file au pas de course vers la table du petit déjeuner. À la cantonade, il continue de citer Talleyrand. « Qui n'a pas connu la fin du XVIII*e siècle, n'a pas connu la douceur de vivre. » Puis, soudain revenu sur terre :*

Quand je pense qu'au XVIIIe siècle, j'ai eu des ancêtres cuisiniers dans ce même château de Champ-de-Bataille. Il y avait combien de chances pour que ça arrive ? Catherine, faites-moi penser un jour à vous parler de ma propension à saisir les coïncidences !

Ne me dites pas que vous avez un côté New Age !

Bien sûr que si ! D'ailleurs, il faut que je vous raconte un épisode qui a compté dans ma vie. Il y a une douzaine d'années, Jacques m'avait demandé de réfléchir à la symbolique des jardins, alors en pleine rénovation. À l'époque, j'étais imprégné de ma lecture des *Dialogues avec l'ange* de Gitta Mallasz — question *New Age*, cela vous suffit ? —, eh bien, je lui ai proposé de repenser le parc dans cette démarche spirituelle. Il s'agissait d'entraîner le promeneur à franchir sept degrés, depuis le monde minéral jusqu'à l'esprit pur. À passer progressivement du matériel à l'immatériel.

Plus tard, toute cette typologie a été un peu bousculée par les travaux grandioses menés par le paysagiste Patrick Pottier. L'essentiel n'en a pas moins été sauvegardé, et c'est pour moi un motif de fierté.

Je garde en mémoire le 400ᵉ anniversaire de Pierre Corneille, la dizaine d'artistes et de comédiens lui rendant hommage dans le théâtre de verdure du parc, embrasé de bûchers, les pièces montées de deux mètres de haut, portées par des laquais à la turque... Chaque fête organisée par Jacques est une œuvre d'art éphémère, un tour de force. Vous comprenez maintenant pourquoi je tenais à vous mener au Champ-de-Bataille.

Je comprends. Jacques Garcia a prévu un déjeuner au salon chinois, niché dans les serres tropicales récemment aménagées. Un univers féérique, mêlant végétaux et grands objets primés lors des Expositions universelles — dans une véritable symphonie aquatique. À la vérité, c'est ce week-end qui est une symphonie ! Je décide — enfin — de lâcher prise, adieu mon cahier de notes, et de profiter de la magie de l'instant. Dans la forêt de plantes exotiques, j'accepte une coupe de champagne tendue par un maître d'hôtel stylé et la bois à petites gorgées, grisée par le murmure cristallin des cascades et des voix insouciantes. Ici, l'art de vivre, le devoir d'être joyeux sont la seule obligation qui incombe aux invités, traités, par ailleurs, comme des princes. À deux pas, Franck et Jacques jubilent et rient de bon cœur, à propos d'une récente acquisition de notre hôte. Ces deux-là sont soudés par une complicité immense, sans que la moindre rivalité s'immisce entre eux, chacun se réjouissant des bonnes affaires de l'autre avec une sincérité palpable.

Sur la route du retour vers Paris, je me remémore les propos de Jacques Garcia : « Pour tracer un destin d'exception, il faut croire et vouloir ». Croire en sa bonne étoile et vouloir à tout prix la décrocher. Deux qualités dont son « fils spirituel » me paraît pourvu. Sur le siège du passager, Franck lui donne raison. Il étincèle littéralement, heureux de m'avoir fait partager sa passion versaillaise et sa gratitude pour l'« ami Jacques ». Gratitude aussi pour la chance décisive que ce dernier a su lui donner, en lui confiant l'écriture, en 1999, d'une biographie illustrée — Jacques Garcia ou l'éloge du décor *— qui devait devenir le premier ouvrage personnel de Franck en même temps que son premier succès de librairie.*

Pour célébrer la sortie du livre, les grands magasins du Printemps, boulevard Haussmann, avaient mis leurs vitrines aux couleurs de l'ouvrage. Franck avait pu emmener sa mère à la soirée organisée pour le lancement... En regardant son fils évoluer dans la lumière, parmi les invités prestigieux, Carmen avait-elle eu l'intuition que ses rêves maternels les plus chers allaient enfin se réaliser ?

Jacques Garcia, le mentor : « Franck est un pur-sang »

« Comment expliquer l'amitié ? C'est une pulsion rare, une attraction vive pour l'autre qui s'enrichit avec le temps. Franck et moi, nous nous sommes reconnus. Nous avions un parcours semblable, une même volonté, depuis l'enfance, de changer le cours de notre destin. Les détails et les époques varient mais nos problématiques sont identiques.

Lui a grandi dans l'univers d'une boucherie, moi dans celui d'une épicerie. Je ne disposais pas comme lui d'un écran de télévision pour agrandir mon horizon — la télé n'existait pas encore — mais je me suis évadé dans les livres de mon père, dans ses gros livres d'histoire de France. J'ai plongé à l'intérieur, me suis projeté dans les siècles passés, j'ai vécu la vie de grands personnages, rêvé de Versailles. Comme Franck, j'ai investi un monde qui n'était pas le mien, vécu dans des fastes à l'opposé de mon univers familial.

Trois mois par an, je partais en vacances à la campagne, à Lurcy, dans le Bourbonnais, chez mes grands-parents maternels. Là, un autre monde m'ouvrait les bras, un monde de noblesse terrienne, avec des chevaux, un château tout proche, un patrimoine bâti d'exception. Le dépaysement total pour le petit banlieusard de Champigny-sur-Marne que j'étais. Je voulais appartenir à cet Éden, préférant devenir le plus malheureux des hommes dans ce deuxième monde que demeurer prisonnier du premier. Tout comme Franck, il m'a fallu quitter mon aire d'origine. C'est très dur de franchir cette frontière invisible, de renoncer au confort d'une vie qui ne vous convient pas, pour vivre l'inconfort de se trouver soi-même. Franck sait de quoi je vous parle. Lui aussi a passé cette ligne de démarcation. J'ai mené par la suite mon parcours professionnel en solitaire. Très entouré, mais solitaire. Franck est de cette race, c'est un pur-sang qui doit mener la course devant et tout seul. Il a une énergie folle, une détermination claire et nette, il déraille parfois, se décourage mais il retrouve vite son axe, instruit par ses faux-pas. Le rapport que nous entretenons à l'erreur est un élément fondamental de la réussite. Qui n'en a jamais fait est au bord du précipice. Franck aime prendre des risques. Il me dit parfois "Je me suis trompé". Je lui réponds qu'on ne se trompe jamais quand on se lance des défis. L'échec c'est de se soumettre à l'ordre établi ; ce n'est ni son genre ni le mien. Il n'a pas changé depuis que je l'ai rencontré, il y a plus de vingt ans. On peut modifier une maison, pas la personnalité d'un homme. Je suis certain que Franck était déjà le même à ses dix ans. Interrogez sa famille et vous verrez. Ils vous diront que son parcours était écrit dès l'enfance. Très vite, après notre rencontre, je l'ai associé à mon projet de restauration du château de Champ-de-Bataille. Je me suis préoccupé de lui. Nous avons grandi ensemble de nos projets communs. Entre nous l'échange a toujours été fluide, passionnant. Il sait qu'il peut compter sur moi dans l'épreuve. Dans les moments difficiles, je suis un roc et j'ai un grand sens de l'amitié. Franck aussi est très loyal, fidèle et attentif à ceux qu'il aime. Mais je ne m'inquiète pas pour lui. Je n'ai jamais nourri le moindre doute sur sa réussite. Quoi qu'il fasse, ça ira toujours. Il est doué ; c'est son destin. »

Chapitre 6

Le porteur de rêves

Chez lui, dans le quartier de l'Étoile (Paris VIIIe)

Un dimanche ensoleillé d'octobre, Franck me donne rendez-vous chez lui, près des Champs-Élysées : profitant des dernières lumières d'automne, nous prenons le thé sur le vaste balcon, avant de nous retrancher derrière les stores du salon, un nid douillet à taille humaine — rien à voir avec ces grands appartements haussmanniens, hauts de plafond, qu'habitent souvent les gens de médias. Mon intuition me dit que ce choix ne doit rien au hasard. Tâtons le terrain...

Catherine : Vous vivez ici depuis longtemps ?

Franck : Quinze ans. Précisément depuis mon entrée à Europe 1 ; je vous l'ai dit : j'aime bien pouvoir me rendre au travail à pied. Vous m'imaginiez peut-être dans un cadre plus « intello », parmi de hautes bibliothèques — la vérité, c'est que le grand lecteur que je suis n'aime pas trop voir les livres, quand ils ne sont pas unifiés par une reliure. Chacun ses manies et ses paradoxes... Cet appartement, d'une certaine manière, est celui que j'aurais aimé habiter avec mes parents et mon frère, jadis ; calme, confortable et bourré de cloisons et de portes pour préserver l'intimité de chacun. Je suis sûr que ma mère l'aurait aimé.

Je ne m'étais pas trompée… Nous portons dans nos cœurs les rêves inaboutis, les illusions perdues de ceux que nous aimons. Et dans le salon, justement, un coffret en bois nous attend au centre de la table ; Franck l'a visiblement préparé pour notre entretien. Il me propose d'ouvrir cet écrin du passé. Je pressens que le « vrai livre » commence aujourd'hui, avec la mise au jour de ces trésors.

Le lendemain des obsèques de ma mère, j'ai rempli cette boîte et l'ai close comme on fermerait le couvercle sur une époque révolue. Puis je l'ai gardée à mes côtés, telle une présence ; à l'époque, nous habitions à Versailles. Plus tard, au moment d'emménager dans cet appartement du VIIIe arrondissement, le 1er décembre 2003 exactement, j'ai posé la boîte au salon. Le temps a passé. Et voilà qu'il y a trois ans, j'envisage de demander à une couturière de finir de broder le service à thé de ma mère, conservé dans le fameux coffret. Stupéfaction : pas moyen de mettre la main dessus ! Je l'ai cherché avec des sueurs froides, jusqu'à la cave — en vain. J'avais honte, je me sentais un mauvais fils, j'étais coupable et désolé.

Mais alors... Comment cette boîte a-t-elle réapparu ?

Il y a quelques jours, nous décidons, vous et moi, de consacrer un chapitre de ce livre à Maman ; je me mets donc en quête de photos d'elle ; je tire un meuble pour accéder aux albums et sens tout de suite que, dans la pénombre, quelque chose résiste. Je tends la main : c'est la boîte, ma boîte ! Revenue, comme par enchantement, au moment propice.

Un signe d'assentiment de sa mère à notre projet ? Franck ouvre le coffret de bois exotique avec d'infinies précautions et en sort tout d'abord un petit sac Prisunic des années 60. À l'intérieur, des navettes de couleurs vives, fuchsia, pervenche et or, semblent attendre, depuis toujours, qu'on les délivre de leur sommeil. Bien plié au-dessous, le modèle de la nappe à broder extrait de la revue Modes et Travaux *: une feuille jaunie amputée de son bon de commande à découper.*

(Se parlant à lui-même) : Ce qui m'étonne c'est que ma mère ait passé tout ce temps à broder un service à thé, alors qu'elle buvait rarement de thé — sur ce point, nous sommes bien différents... Je me souviens de ces motifs floraux que j'observais, tout petit déjà ; ce sont des pois de senteur, sa fleur préférée. Toutes les petites serviettes ont été brodées. Regardez : le motif central de la nappe n'est pas tout à fait fini. Maman disait qu'elle le terminerait quand elle serait à la retraite... Elle n'aura pas été

jusque-là. Vous savez quoi, Catherine ? Nous fêterons la sortie du livre, en prenant un thé sur la nappe de Maman.

Dans mon esprit, tout ce petit service est associé à la quiétude, et à des heures douces. Maman était si tranquille et détendue quand elle brodait. Elle savait tout faire dans une maison ; elle avait étudié la broderie auprès des sœurs du collège de la Providence, à La Rochelle, et connaissait les arts ménagers.

Votre mère avait le temps de broder ? Je me représentais vos parents entièrement mobilisés par l'activité de la boutique.

Dans les débuts, elle tenait la caisse et ne servait vraiment les clients qu'au moment du coup de feu, ainsi que le vendredi matin, quand mon père se rendait avec le principal commis au marché de Rouillé, dans la campagne poitevine. Et puis, d'année en année, le commerce de proximité a pâti de la grande distribution ; les employés sont partis, l'un après l'autre ; et dans les dernières années, il lui a fallu s'y mettre davantage ; plus de temps pour broder… Ajoutons, pour être juste, que, dans les années 70, Maman s'était mise à lire de plus en plus.

Alors que mon père allumait partout les lumières et ne pouvait vivre sans radio, ma mère n'aimait que le silence et les ambiances tamisées. Sur ce point, je lui ressemble ; le soir, je ne tolère que la lumière très diffuse de rares lampes. Et nul besoin de fond sonore ; j'ai dû hériter d'elle ce goût de m'extraire des bruits du monde. N'allez pas pour autant vous imaginer une femme introvertie, ou repliée sur elle-même ; Maman adorait rire et s'amuser, elle était très rapide, voire un peu nerveuse, et faisait tout très vite. Elle montait les marches pour aller à l'étage cinquante fois par jour en courant. *Pap pap pap pap pap* — je crois entendre ce son en vous en parlant.

Franck poursuit l'exploration de la boîte.

Tenez : voici le petit ouvrage sur Versailles, édité par Fernand Nathan dont je vous ai déjà parlé. Le prix d'excellence qu'elle avait reçu au collège !

Carmen offre à son fils son prix d'excellence et Franck devient un expert de Versailles. Je me dis qu'en matière de transmission, on ne fait pas mieux, même dans les romans ! Puis Franck sort une liasse de papiers manuscrits recouverts d'une écriture fine et déliée.

À mes débuts, je réalisais des livres d'entretiens avec des personnalités. Un peu comme vous, en somme… Ce qui me minait, c'était de transcrire les conversations enregistrées — cela m'ennuyait à mourir. Seulement j'avais la chance d'avoir une mère sténographe (c'était son premier métier). Bien égoïstement, je lui envoyais les cassettes, et elle me renvoyait, par la poste, les textes déjà remis en forme. Ce que vous tenez, ce sont les derniers feuillets qu'elle ait écrits, ceux qu'elle n'a pas eu le temps de m'envoyer. Je les ai trouvés dans ses affaires et conservés.

Et voici la photo d'un jour heureux : celui des vingt-cinq ans de mariage de mes parents, en 1990… La tribu était au complet ; j'ai fait le compte il y a peu : seize des personnes présentes à cette belle fête ont disparu aujourd'hui. Je m'étais investi dans le décorum, et avais rhabillé moi-même les tables du relais-château dans un délirant dégradé de couleurs.

Il plonge la main au fond de la boîte et en extrait du courrier.

Ça, c'est une carte postale envoyée par elle en 1998. Les années 90 furent une belle décennie pour mes parents. Nicolas et moi commencions à voler de nos propres ailes, et ils ont pu s'autoriser de jolis week-ends, des vacances de neige et même quelques voyages à la découverte de la France. Avec un couple d'amis comme je ne leur en avais pas connu du temps de notre enfance.

Franck déchiffre l'écriture de sa mère dont l'encre commence à s'estomper.

Je me souviens de ma joie à constater qu'ils prenaient enfin du temps pour eux. « La Moselle est belle ;

le château où nous sommes installés est situé à l'extrémité d'une petite route au cœur d'immenses forêts. L'endroit est très calme ; hier nous avons visité le plan incliné d'Arzwiller. Nous t'embrassons, Maman. »

Et puis voici des billets de théâtre, ceux des pièces où je l'emmenais, lorsqu'elle venait à Paris, et dont j'ignorais qu'elle les conservait soigneusement en rentrant à Poitiers. Maman aimait sortir. Tenez : le ticket de *Master Class* avec Fanny Ardant, Théâtre de la Porte Saint-Martin, en 1995. Et là, *Les palmes de monsieur Schutz*, aux Mathurins…

Sa voix se brise. Je tente de faire diversion en m'extasiant sur une minuscule paire de chaussons tricotés, qui ressemblent à s'y méprendre à ceux que j'ai, moi aussi, conservés de mon enfance.

Ces petits chaussons ont dû sortir des aiguilles à tricoter de ma grand-mère… Et voici ma première blouse d'écolier. On dirait l'habit d'un baigneur tant le tablier est petit. J'avais 2 ans quand j'ai dû enfiler cette « camisole de force ». Elle avait conservé ce vêtement symbolique, la blouse qui rappelait notre première séparation. Et aussi mon habit de baptême, une brassière brodée de petits canards ; je les ai trouvés dans son placard, impeccablement rangés.

Moi aussi j'ai gardé quelques vêtements d'elle : ce pull que je lui avais offert, un soir de réveillon chez mes grands-parents paternels et qu'elle portait souvent, cet éventail avec lequel elle avait joué, un soir de fête où elle avait beaucoup ri…

Franck a les traits marqués. Je propose de sortir boire un thé sur la terrasse.

Entre votre mère et vous, le lien était fusionnel.

C'était une mère très aimante, protectrice et sans doute un peu possessive. Avec le temps, notre relation a évolué, forcément ; et quand je suis devenu adolescent, elle est devenue ma meilleure amie ; quand nous partagions des lectures, sortions ensemble au théâtre, allions passer un moment au salon de thé ou simplement faisions des courses — plus encore quand nous arpentions la campagne poitevine à la recherche d'un dolmen perdu ou d'une allée couvert —, nous étions dans une sorte de communion d'esprit.

« Avec l'amour maternel, la vie vous fait, à l'aube, une promesse qu'elle ne tient jamais. »

Ah, la phrase définitive de *La promesse de l'aube* ! Recevoir jeune autant d'amour forge sans doute un socle vital ; mais c'est aussi la source, plus tard, de bien des déboires… Lorsque, de nos jours encore, il m'arrive d'attendre à côté d'un téléphone qui ne sonne pas, je me demande si l'immense affection de ma mère n'était pas un cadeau empoisonné. Elle m'a rendu exigeant, comme a sans doute pu l'être Romain Gary.

Et votre père ? Trouvait-il sa place dans cette relation un peu exclusive ?

Mes parents s'aimaient, je les ai rarement vus se disputer, et au contraire, je les ai connus très complices et volontiers rieurs. Petit, le dimanche matin, je sautais dans leur lit. Nous écoutions distraitement *L'oreille en coin* sur France Inter. Une demi-heure durant, je me blottissais entre eux, dans la tiédeur de leurs corps. Ils étaient jeunes, surtout Maman qui m'a eu à 21 ans.

Il ne cesse de farfouiller dans cette boîte à souvenirs.

Vous voyez ce joli ballotin ? C'est moi qui le lui ai offert. Un matin de fête des Mères, mon père m'avait donné un billet avec le visage de Voltaire et m'avait dit : « Cours acheter des chocolats chez Mme Béjaud, en bas de la rue. Prends les meilleurs, pour faire plaisir à Maman. » J'avais couru sur mes petites jambes de 5 ans et acheté la plus belle boîte de chocolats de la vitrine — à mes yeux du moins… Maman était si joyeuse ! J'ai retrouvé la boîte de chocolats dans le tiroir de sa grande armoire, une armoire des années 60 en polyester, verni acajou.

Franck soudain s'exclame. Changeant brutalement de sujet, il me tend plusieurs feuillets de dessins appliqués, tracés au stylo bille bleu. Les croquis en plan d'un appartement, intitulés : « L'appartement en question : ameublements de style Louis XV par Franck Ferrand ». Je suis aussi étonnée de la précision architecturale que de la naïveté enfantine qui s'en dégage.

Cela ne ressemble pas à la « maison des courants d'air »… Cet appartement, vous l'avez rêvé ?

J'aurais bien aimé… Hélas il a existé. J'ai encore du mal à l'évoquer, mais si je ne vous en parle pas, il vous manquera une pièce maîtresse. Ce soir-là, je rentre de l'école en même temps que mon frère. Et nous trouvons notre mère pleine de mystère et de joie. « J'avais juré à Papa que je me tairais mais je ne peux pas, il faut que je vous le dise : nous sommes en train d'acheter un appartement ! » Stupéfaction de ma part ; je crois rêver. Maman confirme pourtant : « Il est situé à la résidence de la Madeleine. » Et elle nous décrit une sorte de paradis : la propriétaire est une vieille dame excentrique, veuve d'un peintre, qui porte des tailleurs Chanel et des chapeaux à longues plumes. Quant à la résidence elle-même, un grand immeuble des années 50, plutôt cossu, il représente à mes yeux d'enfant le modèle de la normalité sociale.

Maman nous décrit tout en détail : « C'est un décorateur du centre-ville qui a tout conçu : les moquettes épaisses, dans lesquelles les talons s'enfoncent, les petits carreaux biseautés des portes sur mesure, ornées des poignées de bronze. Et l'habillage de l'entrée, tendue de velours de Gênes, et le baldaquin dans la chambre, et les soieries japonaises du petit salon. »

Je buvais les paroles de ma mère ; son rêve était le mien. Quand mon père a fermé la boutique et nous a rejoints, il était heureux, sous une prudence de façade, de nous voir si enthousiastes. Il sentait que, pour notre mère, cette acquisition était primordiale. Je n'osais y croire : nous allions enfin vivre comme tout le monde. Avec une vraie salle à manger, une vraie salle de bains, de vraies chambres !

Vous y voyiez peut-être aussi un symbole d'ascension sociale ?

Peut-être... Ce qui est certain, c'est que mes parents nous ont toujours élevés dans le respect de la réussite. Ils lui faisaient crédit et estimaient ceux qui avaient su s'attirer la fortune. Rien à voir avec certains clients qui critiquaient et soupçonnaient ceux qui possédaient. Mes parents se situaient aux antipodes de cette mentalité envieuse. Ils n'attaquaient pas, n'étaient pas jaloux, admiraient à l'unisson dans une forme d'innocence. Je les remercie encore aujourd'hui de m'avoir élevé sans dépit, avec l'idée que c'était possible.

Racontez-nous la découverte de ce fameux paradis !

Trois semaines après, nous avons eu les clefs. Un lundi soir d'octobre, mes parents sont allés signer chez le notaire, puis nous sommes allés visiter le bien en famille. J'avais le sentiment de traverser le miroir et de changer de vie. Mon père a poussé la lourde porte et, dans la lumière tamisée, j'ai foulé un dallage à carreaux vert foncé et blancs. J'ai encore l'odeur de la cage d'escalier dans les narines : trente appartements où l'on prépare à dîner en même temps, qui embaument la soupe de légumes et le rôti grillé… Nous avons pris l'ascenseur et sommes montés au quatrième ; ma mère nous faisait « Chut ! Chut ! » On entendait à peine sa voix. Elle qui avait toujours vécu dans des maisons indépendantes, elle craignait par-dessus tout d'importuner les voisins. « Ne cours pas, ne cours pas ! » répétait-elle à mon frère en chuchotant. Mon père m'a confié la clef pour que j'ouvre la porte blindée de l'appartement ; le pêne a tourné souplement dans un bruit de parfaite mécanique horlogère — et nous nous sommes retrouvés dans une entrée bien plus luxueuse encore que tout ce que j'avais pu imaginer. La cuisine américaine était aménagée en chêne massif, on actionnait un petit tiroir et une table aux pieds automatiques s'ouvrait comme un parapluie. Le grand soir était arrivé. Nous avions enfin une demeure digne de ce nom. « Ne touche pas, ne cours pas, ne fais pas de bruit ! » Mes parents s'embrassaient, mon frère, toujours en mouvement, courait sur le balcon où donnaient toutes les pièces. Moi, je jubilais en silence.

Alors, vous avez quitté la rue de la Tranchée ?

D'abord, nous avons présenté l'appartement, successivement, à tous nos proches. De la rentrée 79 aux vacances de 81, nous n'avons cessé de caresser le beau rêve de nous y installer. Nous passions nos dimanches après-midi chez Mobilier de France. Nous possédions maintenant l'écrin : il fallait mettre les sujets dans le décor.

Et puis, un jour, alors que je lui présentais les « plans » que vous avez entre les mains, ma mère, dont l'enthousiasme était beaucoup retombé depuis quelque temps, a lâché : « Oui… Dans quatre ans, peut-être. » J'ai hurlé : « Quatre ans ?! Mais pourquoi ? — Il faut que tu comprennes. Cet appartement, il est vide. Et l'argent pour acheter des meubles, nous ne l'avons pas en ce moment. »

Si mon père, au moins, avait agi ! Mais il n'est jamais pressé, mon père, il ne se jette pas sur les choses et les projets… Quand il reçoit une lettre importante, il peut la poser sur la table et ne l'ouvrir qu'au dessert. Et puis, disons-le : contrairement à ma mère et à moi, lui se sentait tout à fait bien, au-dessus de la boutique.

Sur le coup, j'en ai voulu à la terre entière de ne pas soutenir ma mère. J'étais le seul à entendre son ambition mais je n'étais qu'un enfant réduit à l'impuissance… À partir de 1981, nous avons cessé d'emmener la famille le visiter. Quatre ans plus tard, lorsque je suis parti pour Paris, faire mes études, mes parents ont mis en location le bel appartement, avec le velours de Gênes et les petits carreaux biseautés… Voilà comment on enterre un rêve, Catherine !

Pas si sûr ! Car le premier livre que vous écrivez, avec Jacques Garcia, s'intitule L'éloge du décor. *Et vous avez invité votre mère au Printemps, le soir du lancement ?*

Vous me faites prendre conscience du lien entre les deux. Il est vrai que ce soir-là, dans sa belle veste d'hiver achetée pour la grande occasion, elle était intimement heureuse. Ce soir-là, elle n'aurait pas cédé sa place pour un empire — même si je ne suis pas certain que tous les livres du monde aient pu remplacer l'appartement perdu.

Catherine, je vais être franc avec vous : la vie a empêché ma mère, notre famille, de s'enraciner dans le lieu qui nous était destiné, et cet empêchement m'a rendu fou. Cette inertie familiale m'a marqué au fer rouge ! Tout le monde me dit impatient ; j'ai souvent du mal à supporter l'attente dans la satisfaction de mes désirs. Eh bien, sans doute mon envie d'acquérir rapidement ce que je souhaite est-elle une réponse à cet immobilisme que j'ai vécu comme un fardeau. Comment supporter, tant d'années plus tard, que le rêve de ma mère soit resté en jachère ?

Mais vous l'avez accompli, le rêve ambitieux de votre mère ! En vérité, je crois que vous l'avez même dépassé...

Sans doute, même si elle n'est plus là pour le voir ; elle est partie trop tôt pour connaître la satisfaction, le bonheur même de voir ses enfants réussir leur vie. Maman n'est jamais venue avec moi au Champ-de-Bataille, je n'ai pas su à temps l'emmener à Venise — un rêve pourtant accessible ! Elle ne m'a jamais entendu à la radio ; elle est partie en 2002 avant que ne commence ma carrière dans les médias. Elle n'a pas connu le confort de cet appartement, ni pu visiter mon havre normand... Surtout, elle qui nourrissait pour les jeunes enfants une telle passion, n'a connu que le premier de ses petits-enfants, ma nièce Marie — et encore : quelques semaines seulement. Aujourd'hui, Marie, Clara et Thomas, mon filleul, savent très bien qui a été leur grand-mère ; nous leur montrons des photos, nous leur parlons d'elle ; mais comment accepter que la vie se soit montrée cruelle avec elle, au point de s'interrompre avant que tout cela ne commence ? Cette question ne cesse de me hanter.

« Un seul être vous manque et tout est dépeuplé », écrit Lamartine. Qui guérira Franck de ce rendez-vous manqué ? À quoi sert d'avoir rejoint le club des « personnes », d'inscrire son nom en haut de l'affiche, si les yeux de Carmen ne peuvent se réjouir ? Franck prend l'antenne chaque matin sur Radio Classique, entre sur les plateaux télé, monte sur

scène dans des salles de théâtre souvent pleines, sans que la spectatrice principale de sa réalisation ne puisse s'en réjouir. C'est avec ce manque inguérissable qu'il lui faut offrir le meilleur à ses fidèles, et qu'il doit accueillir, « seul d'elle », les applaudissements. Alors que nous touchons peut-être le ressort secret de notre personnage, émettons une dernière hypothèse. Cette mère partie trop tôt ne participe-t-elle pas, à sa manière, à la réussite de son fils ? La blessure inguérissable de Franck n'est-elle pas gardienne de sa réserve d'humanité ? Ce qui tisse, au-delà du talent, le lien entre un artiste et son public, ce qui fait la fidélité d'un auditeur ou d'un parterre, n'est-ce pas justement cette part indicible d'humanité commune ? Carmen, la plus présente des absentes, n'est-elle pas posée sur l'épaule de son fils aîné ? Et, à l'antenne, sur scène, n'est-ce pas ce tandem rayonnant, indivisible, que le public applaudit ?

Francine, sa marraine : « Petit, il possédait déjà une mémoire d'éléphant »

« Quand je regarde Franck, quand je l'entends, je revois Carmen, sa mère et ma sœur chérie, partie bien trop tôt à l'âge de 55 ans. Franck tient d'elle son intelligence vive, supérieure à la moyenne, cette capacité à saisir la cocasserie d'une situation, ce don de raconter des histoires, de captiver son auditoire. Je me suis beaucoup occupée de lui quand il était bébé. À peine revenue de la clinique, ma sœur a dû retourner aider son mari au commerce et j'ai joué les nounous auprès de mon neveu jusqu'à ses 2 ans révolus. Un pur bonheur tant ce petit bout de chou était éveillé, adorable. Ses yeux suivaient tout, comprenaient tout, il souriait sans cesse quand on se penchait sur son berceau. Un jour, il a attrapé une maladie infantile et j'ai fait venir le docteur Ribouleau, le généraliste de la famille. Franck, âgé de 2 ans, lui a tenu un petit discours qui a sidéré le médecin. Il m'a déclaré en partant : "Vous avez la garde d'un petit génie." Il n'exagérait pas : le vocabulaire, la grammaire de Franck étaient bien supérieurs à ceux d'un enfant de son âge. Si je lui disais un peu rapidement : "Faut pas faire ci", il me reprenait gentiment, m'indiquant que j'omettais le "ne" de la négation. Je le sortais beaucoup au parc de Blossac tout proche, voir les animaux, sa passion. Il était si joyeux dans sa poussette, me demandant de nommer toutes les espèces pour pouvoir faire, au retour, à sa maman qu'il adorait, un récit détaillé et complet de notre expédition. Car il possédait déjà une mémoire d'éléphant. Nous le posions sur une petite chaise avec un livre et il pouvait rester des heures à tourner les pages, fasciné par son contenu, alors même qu'il ne savait pas lire. Quand il refermait le livre, il posait des questions. Il n'arrêtait pas de poser des questions. Un peu plus grand, il devait avoir 8 ans, il a fait un dimanche à mon mari, Robert, un petit laïus sur les pyramides

d'Égypte. Robert, qui avait fait Polytechnique, a été impressionné par son intelligence et sa culture. Dès lors, il s'est intéressé à lui et l'a pris sous son aile. Ils avaient, à chaque rencontre familiale, des discussions passionnantes, des échanges d'adulte à adulte. Franck a été très aimé, tout comme son petit frère Nicolas, par sa mère d'abord, omniprésente, protectrice et très attentive. Mais il a aussi reçu beaucoup de tendresse de son père Francis, un vrai papa gâteau. Mon beau-frère avait beau se lever à 4 heures tous les matins et travailler tard le soir, je le revois encore s'échapper de la boutique, monter quatre à quatre les escaliers, pour venir embrasser son fiston et redescendre en courant pour servir les clients.
Aujourd'hui Franck est en haut de l'affiche, mais il est demeuré très proche de sa famille. Il a su conserver une grande simplicité de cœur. Il n'affiche jamais de grands airs parmi les siens, il se met naturellement au niveau de chacun. Je l'aime comme mon propre fils. Mon grand regret — et je sais qu'il le partage avec moi — c'est que sa mère ne l'ait pas vu s'envoler, devenir l'homme de médias reconnu qu'il est aujourd'hui. Elle qui espérait tant de lui, qui a cru contre vents et marées à la bonne étoile de ce fils adoré, aurait été comblée de sa réussite. »

Chapitre 7

Le maître des clefs

Dans un studio d'enregistrement de la série
« Pèlerins dans l'âme » (Paris XIVe)

On croit approcher au plus près la vérité d'un être mais plus les cercles se font serrés, plus sa logique profonde nous file entre les doigts. Le livre sur Franck n'échappe pas à cette règle. L'énigme de l'enfance s'éclaircit au fil des chapitres, le parcours de l'homme de médias fait sens mais l'être conserve son mystère — mystère renforcé par une personnalité bien moins cartésienne qu'il pourrait y paraître.

À l'issue d'une séance de prise de voix pour le podcast sur les grands marcheurs que nous avons créé avec Franck Ferrand pour Le Pèlerin, *Franck attire mon attention sur une coïncidence qu'il a relevée entre son récit sur Charles Péguy et son récent déplacement à Chartres. Je lui demande s'il se définirait comme un guetteur de signes.*

Franck : Oui, sans doute. Et parfois jusqu'à l'obsession et à la compulsion… Pas une journée où je me couche sans avoir repéré des coïncidences, et les avoir mises en perspective. Une gymnastique intellectuelle pratiquée dès mon plus jeune âge, et qui a pris de l'ampleur à l'adolescence.

Catherine : Vous êtes donc sensible à ce que le psychologue Jung appelait la « synchronicité »…

C'est vrai que j'aime associer des évènements qui ne présentent pas *a priori* de lien de causalité, et leur donner du sens. Un point commun avec vous, Catherine ! Depuis le début de nos entretiens, vous faites résonner des fragments de mon enfance et, en les associant avec des choix de ma vie d'adulte, tentez de leur donner un sens inattendu. Je me demande du reste si la grande confiance dont je vous crédite n'est pas liée à cette gémellité intellectuelle, à cette manière commune que nous avons d'avancer dans la vie, en mêlant sans cesse l'intuition, le sensible et le rationnel.

Vous me flattez ! Et c'est votre passion des signes qui vous a mené vers les tarots ?

Le Tarot de Marseille est une façon parmi d'autres — sûrement pas la moins subtile — d'interroger la réalité. Lorsque, pour une raison quelconque, vous vous trouvez face à la brume de l'indéterminé, il faut bien que des éléments tangibles vous aident à raisonner, à méditer. Le moyen le plus simple est, certes, d'en parler avec un confident ; mais l'oreille amie n'est pas toujours la plus neutre. Les cartes — on les appelle des *lames* —, dans leur inanité matérielle, vous donnent la trame sur laquelle votre raisonnement, vos émotions, votre expérience peuvent construire le propos qui vous mènera peut-être vers une solution. Elles sont un support, comme le Yi-Qing chinois, ou le marc de café turc ; il ne s'agit pas de leur conférer, pour autant, une dimension prophétique ; encore une fois, ce ne sont que des socles neutres sur lesquels asseoir une réflexion.

Rangeriez-vous Tarot et Yi-Qing sur la même étagère que vos grilles de lecture des caractères humains : ennéagrammes, analyse transactionnelle, etc. ?

Oui, sur l'étagère la plus haute ! *(Il rit.)* Les typologies de caractère sont des classifications qui facilitent la compréhension du monde. Alors que les oracles — et ce devait être le cas des logorrhées de la Pythie delphique et de l'art qu'avaient les haruspices romains de lire dans les entrailles de poulet — sont plutôt un cadre de construction mentale. Le plus objectif, le plus stimulant qui soit quand on se donne la peine d'y songer…

À vous entendre, on se dit que vous n'êtes pas forcément ennemi des manuels de développement personnel.

C'est loin d'être ma lecture préférée, mais il m'est arrivé d'en tirer des enseignements de vie. Et pour tout vous dire, la lecture d'un best-seller volontiers dénigré par les vrais philosophes, *Le pouvoir du moment présent* d'Eckardt Tolle, a certainement changé ma vie. Je peux vous en donner la date : le 29 juillet 2007. J'étais en vacances au Canada, avec mon vieux complice Cédric ; je voulais voir et entendre les baleines à bosse, dans la baie de Tadoussac, à l'embouchure du Saint-Laurent, là où elles viennent chaque année pour leur parade nuptiale. Nous avions loué une grosse Cadillac pour aller visiter le musée dédié aux mammifères marins — l'historien a fait aussi, je vous rassure, un crochet par la cabane de Jacques Cartier. Pour ce qui est des cétacés, vous savez qu'avec Versailles, ils sont la passion de mon enfance.

En route, il s'est mis à faire un terrible orage, des trombes d'eau tombaient par paquets sur la voiture et la secouaient. Un déluge. La nuit est tombée. Nous avons fait demi-tour et tenté de rejoindre notre hôtel. Hélas, dans ces contrées fort mal cadastrées, le GPS nous a fourvoyés, et fait prendre une route non carrossée qui s'enfonçait dans une forêt. Nous avons parcouru ainsi plusieurs kilomètres, plus qu'il n'aurait fallu pour nous éloigner de tout aménagement humain. La route de terre battue a fini par disparaître sous les eaux qui montaient jusqu'aux vitres des portières. Je revois même une famille de canards passer dans les phares, en nageant, au bout du capot de la voiture ! Le moteur menaçait à tout instant de se noyer. Et le bouton rouge censé nous relier aux secours de la société de location restait désespérément « hors service ». Cédric s'est enfoncé dans un silence de mort. Moi-même j'étais tétanisé, tout en lui assurant que nous ne risquions rien et en lui intimant de ne surtout pas céder à la panique. Dans cette urgence, j'ai agi comme l'aurait fait, je crois, mon oncle Robert : je n'ai pas coupé le contact, j'ai continué à rouler comme si la route allait se dégager pour nous. Et ça a marché : après des centaines de mètres dans ce climat d'angoisse, nous sommes sortis du bourbier sans que le moteur ait jamais calé ! Un miracle. J'en ai conservé une gratitude sans borne pour les grosses cylindrées américaines. De retour sur le parking de l'hôtel, j'ai fait anxieusement le tour de la voiture, persuadé que la traversée du déluge l'avait esquintée ; elle était si impeccable qu'on aurait cru qu'elle sortait du lavage. Nous n'avons pas demandé notre reste et avons regagné nos chambres pour sombrer, épuisés, dans un sommeil sans fond. Moi qui, à l'époque, étais plutôt lève-tard, j'ai ouvert l'œil à 5 heures le lendemain. Un soleil éblouissant éclaboussait ma chambre, comme si l'orage avait lavé le monde. Je me suis levé et j'ai saisi dans le vestibule un livre qui traînait, *Le pouvoir du moment présent*, pour avoir quelque chose à feuilleter au petit déjeuner. J'ai bu mon thé en dévorant ce livre sur la pelouse, face à « l'anse aux baleines ». À 11 heures du matin, quand Cédric a émergé, j'y étais toujours.

Cinq heures sans lever la tête ?

Sans voir le temps passer, tant j'étais happé par le propos de Tolle. Dans l'après-midi, nous avons quitté Tadoussac sous un ciel bleu azur, à la rencontre des baleines — instant magique, comme suspendu… Depuis j'en ai revu, de plus près, en Nouvelle-Calédonie, jaillir des flots pas trop loin du catamaran, et à Ceylan. En m'éloignant de Tadoussac au volant de la Cadillac « flambant neuve », je sentais confusément qu'un nouveau chapitre de ma vie s'ouvrait. Certes, j'avais lu et même relu Sénèque et Marc-Aurèle, les stoïciens me fascinaient et j'aurais pu me faire tatouer *Carpe diem* sur l'épaule, mais l'honnêteté m'oblige à dire que j'avais attendu la quarantaine pour comprendre « physiquement » qu'il fallait vivre ici et maintenant. *Hic et nunc.* Jusqu'alors, j'avais essentiellement investi psychologiquement le futur et, surtout, le passé. L'histoire et la prospective avaient occupé mon espace mental.

Le livre seul n'explique peut-être pas une telle prise de conscience : la concomitance des évènements — présence des baleines, déluge, sans compter votre présence totale au volant de la voiture pour sortir de ce mauvais pas. Vous étiez mûr…

Vous avez raison, ce best-seller a dû tomber à pic. Je suis, ce matin-là, loin de mes repères habituels, au contact de la beauté du monde et cette beauté m'absorbe tout entier. Les cétacés ont dû jouer leur rôle, en effet ; on connaît la capacité des baleines et dauphins à « radiographier » les êtres et à les rendre intensément disponibles à l'instant.

Quelques années plus tard, alors que je séjournais à Las Vegas pour rendre visite à des amis artistes, j'ai eu la chance de vivre des heures magiques au milieu des dauphins — en captivité, certes. J'ai même fait un stage pour apprendre à m'occuper d'eux. Mes amis, connaissant ma passion, m'avaient offert ce moment unique, et ce fut l'occasion d'une révélation. Une image me reste en mémoire : je suis sous l'eau, séparé des dauphins mâles par un gros filet. Un spécimen imposant me regarde intensément. Il me semble qu'il me radiographie, qu'il me « scanne » à travers les mailles, tant il me scrute. Je me sens transparent, happé, je me dissous dans son gros œil noir. C'est ce même dauphin qui, durant le spectacle, fondait sur moi à la vitesse d'une torpille, glissait son aileron sous mon bras avec une infinie douceur et repartait avec la même puissance, m'obligeant à me cramponner à sa nageoire dorsale pour ne pas être éjecté.

Vous parlez de ce « regard » des cétacés comme d'une vision mystique.

Sous l'eau avec mon tuba, j'ai dû vivre, dans la lumière et l'intelligence de ce « regard », un instant de pure présence. Le dauphin m'ancrait dans cet instant magique.

Je me suis senti dilaté dans un éblouissement hors du temps. Une lumière intérieure m'a inondé. Loin de moi l'idée de comparer cette expérience avec la *transverbération* de sainte Thérèse d'Avila ; pourtant, je me suis senti comme traversé, troué d'amour par l'intelligence de cette créature !

Expliquez-moi : vous croyez au transpercement spirituel du cœur par l'amour ?

Dans la spiritualité catholique, la *transverbération* est considérée comme un don spirituel donné aux personnes qui obtiennent une intimité mystique avec Dieu, par une « blessure spirituelle dans le cœur ». Sainte Thérèse l'a vécue.

À mon modeste niveau, j'ai acquis au fil des années, par la pratique de la méditation, comme d'autres par celle de la prière, une capacité à me laisser envahir par la lumière. Je pense que chacun d'entre nous a fait l'expérience de cette source de chaleur intérieure. Au départ, il y a sans doute quelque chose d'infinitésimal, d'atomique, comme une poussière d'étoile blottie dans nos cœurs, mais qui devient si puissante quand on sait la capter qu'elle peut irradier en nous et même hors de nous ; dans certains cas, elle contribue à éclairer le monde et à le transformer.

Ces derniers temps, j'ai été amené, pour la promotion d'un spectacle, à m'intéresser de plus près aux visions de Bernadette Soubirous, à Lourdes, en 1858. Le phénomène qu'elle ne peut, dans son patois, que nommer *Aqueró* (cela, cette chose), cette apparition qui lui parle un langage d'amour et de lumière, s'apparente peut-être à ce dont nous parlons.

Si je vous suis bien, le Ciel est en nous !

C'est bien ainsi que je me figure les choses... De manière peu orthodoxe, je vous le concède. J'espère ne choquer personne en formulant l'hypothèse, tout à fait poétique, que nos morts, loin de « monter au Ciel », se concentrent au contraire dans ce grain de poussière intérieur, où une bribe de leur âme rayonne dans le cœur de ceux qui les ont aimés. Ainsi, la prière ne serait peut-être pas une élévation vers le Ciel, mais une entrée en résonnance vers ce qu'il y a de profond en nous.

Et vous vous sentez relié à vos morts ?

Je parle quotidiennement avec eux, en particulier avec ma mère. Je sais que vous me comprenez, car vous m'avez confié converser, vous aussi, avec la vôtre. J'entretiens avec ma mère un dialogue si singulier qu'il n'est pas partageable. Ceux que l'on désigne sous le vocable d'absents sont parfois plus présents en nous que certains des vivants qui nous entourent.

On dit qu'on ne meurt pas tant que quelqu'un se souvient de vous...

En effet, l'on ne meurt vraiment que lorsqu'on est oublié. Pour aller encore plus loin — et dites-moi si cela vous choque —, il m'arrive d'espérer qu'il n'y ait rien après la mort. Pourquoi vouloir l'éternité ? Une vie est bien suffisante, non ? Cette difficulté à croire à la résurrection m'a toujours fait penser que j'étais mauvais chrétien.

Un certain nombre de catholiques s'interrogent sur la résurrection, rassurez-vous ! Personnellement, je vous sens plus spirituel que religieux.

Quel que soit l'intérêt que m'ait inspiré la lecture de la Bible — ainsi que celle du Coran —, j'aurais du mal à me définir comme un esprit religieux. En revanche, vous avez raison, certains textes spirituels ont augmenté ma vie. Et spécialement les célèbres *Dialogues avec l'ange*, découverts en 1997, dix ans avant « l'illumination païenne » de la baie de Tadoussac.

Parlez-moi de ce livre dont vous m'avez dit déjà qu'il vous avait marqué.

Je me suis même rendu comme en pèlerinage à Budaliget, le village des environs de Budapest où s'étaient réfugiés les quatre témoins de l'expérience relatée dans le livre, peu de temps avant la prise du pouvoir des Croix fléchées, alliés des nazis allemands — en Hongrie, en 1944.

L'une des quatre, Hannah, juive, est visitée chaque vendredi à 15 heures — certains y reconnaîtront l'heure de la mort de Jésus — par une entité dont elle transmet les paroles. *Dialogues avec l'ange* est la transcription de ses propos. Les quatre-vingt-huit entretiens ont été publiés, longtemps après, par Gitta Mallasz, seule épargnée par les Croix fléchées du fait de sa religion chrétienne. Excusez-moi, mais rien que d'évoquer ce livre avec vous me donne envie de pleurer.

Qu'est-ce qui vous touche tant dans ce témoignage ?

Difficile à dire… Peut-être sa vérité tranchante, sans concession, sa lumière eschatologique, absolue. Les propos de l'archange — si l'on admet qu'il s'agisse d'un archange — ont une profonde résonnance en moi. Pour en avoir parlé avec les fidèles de plusieurs religions, je trouve fascinant que tous y reconnaissent la quintessence du message de leur propre dogme. Peut-être, d'ailleurs, est-ce cet élan vers l'universel qui me touche. Mais vous allez me taxer d'œcuménisme *(rires)*.

Ce n'est pas un gros mot, vous savez ! Permettez-moi de reformuler ma question : d'où vous vient cette propension à interroger l'invisible ?

Vous me poussez dans mes retranchements, Catherine ! Mais nous achevons ce livre, et je comprends que votre enquête doive aboutir. Vous ai-je parlé de mon « hémiplégie » cérébrale ?

Vous êtes sérieux ?

On ne peut plus. Figurez-vous que je suis « bancal du côté cérébral ». Je vous vois vous retenir de rire, mais je ne plaisante pas ! Si j'en crois en effet la révélation que m'a faite, il y a vingt ans, un médecin spécialisé dans les énergies cérébrales, le docteur Élie Attias, mon cerveau gauche — analytique et séquentiel — a été traumatisé pendant la gestation, mettant mon cerveau droit — intuitif et synthétique — au secours de cette partie meurtrie. Il semble que j'aie dû reconstituer, dans la zone cérébrale « artistique », les connexions neuronales défaillantes de la zone « logique ». Et il faut croire que cela m'a conduit à développer une sensibilité fort peu rationnelle, y compris dans les domaines de pure rationalité. De là à « interroger l'invisible »…

Vous me paraissez faire une bien grande confiance à ce médecin !

Et pour cause. En formulant son diagnostic, il m'a précisé sans sourciller que ma mère avait dû faire une chute entre le sixième et le septième mois de sa grossesse. J'étais pour le moins dubitatif ; alors le soir même, j'ai appelé Maman au téléphone. Après un grand silence, elle a fondu en larmes ; c'était parfaitement exact. J'ai dû me rendre à l'évidence.

J'émets une hypothèse hasardeuse : est-ce que ce décalage entre cerveau droit et cerveau gauche n'expliquerait pas le conflit dont vous parlez parfois « entre Franck et Ferrand » ?

Je ne crois pas, non. Le décalage explique bien des choses et notamment — c'est une hypothèse que je formule — une certaine faculté à raconter les histoires. Mais pour ce qui est de « Franck » et « Ferrand », c'est beaucoup plus banal que cela, vous savez : il faut y voir, me semble-t-il, un effet de la lutte intime, en chacun de nous — mais à des degrés divers —, entre l'être profond et ce qui le dévore sans cesse, au contact de la société : ce fameux égo qu'a si bien décrit et dénoncé Eckart Tolle, justement, dans son *Pouvoir du moment présent*. C'est de l'égo, Madame, et puis c'est tout !

Soit, c'est de l'égo — dommage pour mon hypothèse... J'en formule une autre : ce que vous appelez avec humour votre « côté bancal » n'est-il pas à l'origine de votre prédilection pour les énigmes ?

Vous y êtes. Je pense en effet que la part flottante, peut-être instable, de ma psyché m'amène à toujours déceler, comme malgré moi, dans un énoncé même rationnel, le ressort irrationnel — ou en tout cas moins immédiat. Je ne me contente jamais d'une explication trop évidente. Vous comprenez peut-être mieux ma grande sympathie pour les personnages d'Hercule Poirot ou de Columbo. Comme eux, je vis pour ce moment libérateur où l'énigme se dénoue. Quand tout devient limpide, juste. Et que chaque élément trouve sa place.

Au fond de vous sommeille donc un détective...

Évidemment. Du reste, regardez comment, dans mes livres ou mes émissions, je traite des différents sujets ; c'est souvent, sous les dehors du conteur, l'enquêteur qui prend le pouvoir. Est-ce à dire que c'est ma vocation profonde ? Oui et non ; car, une fois trouvée la clef du mystère, j'éprouve encore une insatisfaction ; il me faut aller un peu plus loin, et prendre dans tous les cas le torrent à contre-courant.

À contre-courant de l'opinion commune. Alors cela, c'est plutôt la vocation d'un avocat.

Si une chose me plaît en ce monde, c'est en effet de prendre la défense de celui qu'on n'entend plus face à la multitude braillarde. Endosser la robe de l'avocat, voilà sans doute, au fond, ma vocation naturelle, hélas rentrée. Défendre, à travers l'autre, la part écrasée de chacun d'entre nous.

*

Comment conclure un si long entretien ? Faut-il rassembler les clefs de l'énigme, une à une gagnées, dans un grand trousseau ? Se livrer à un exercice de synthèse ou laisser le lecteur conclure lui-même au travers d'une ultime anecdote ? Comme Franck Ferrand, je choisis l'ellipse et achève ce livre avec un petit conte.

Avril 2018. Nous sommes sur un bateau de croisière, avec les lecteurs du Pèlerin, *au large de l'Irlande. Chaque jour, Franck Ferrand monte sur scène pour raconter un grand personnage de l'histoire de l'île. Ce soir-là, il entend faire revivre le plus célèbre de tous : Oscar Wilde. Je suis sceptique sur les affinités possibles entre nos croisiéristes et ce dandy de la littérature ; mais Franck n'en démord pas, convaincu d'emporter cette salle-là comme les autres. Il me faut, non sans crainte, m'incliner. Lui faire confiance et — comment vous dire ? — le respecter. Respecter l'artiste et l'homme jusqu'au bout. Accepter sa volonté de déplacer le curseur des préjugés.*

Sur scène, sans papier ni armure, Franck se livre à un plaidoyer vibrant pour l'écrivain britannique hors-norme, victime de la morale de son époque. Le temps semble suspendu. À part le ronronnement étouffé des moteurs du paquebot, on n'entend pas une mouche voler dans la salle. Le public est-il conquis ou figé de réprobation ? Je ne saurais le dire. Franck déborde largement l'heure impartie et, au loin, les haut-parleurs invitent les plaisanciers à venir dîner. La salle, sourde aux messages du bord, est suspendue aux lèvres de Franck. Quand ce dernier ouvre le recueil offert par le petit-fils d'Oscar Wilde — recueil rédigé par l'auteur à l'hiver 1897 au cours de son incarcération dans la prison de Reading — et lit un extrait de De profundis, *ses mains tremblent. Wilde supplie Dieu de ne pas l'abandonner dans son réduit sordide. C'est une prière et un sanglot. À mes côtés, une passagère pleure ; son mari, livide, lui tend un mouchoir. À la fin de la lecture, Franck referme le livre et se tait. Personne ne bouge. Le silence dure. Puis un homme, stature carrée, port militaire, se lève et s'écrie « Maestro ! » La salle suit, debout, dans un tonnerre d'applaudissements. Franck Ferrand, pâle dans le halo de lumière, s'incline. Il me cherche des yeux dans la salle et me sourit. Un sourire qui dit : « Vous voyez, j'ai gagné mon pari. Emporté l'auditoire avec moi, loin de ses bases, et, par une sympathie dont il n'a pu se déprendre, lui ai permis d'épouser un destin qui n'était pas le sien. » Un sourire qui dit aussi : « Merci de m'avoir fait confiance, d'avoir permis que se fasse entendre la voix dissidente. Et, ce faisant, de participer à rendre les gens plus tolérants. » Autour de lui, les auditeurs se pressent pour lui serrer la main, le remercier, lui dire combien ils ont été sensibles au chant du cygne de cet artiste stigmatisé, implorant Dieu du tréfonds de sa geôle. Franck n'est jamais aussi percutant que lorsqu'il défend les réprouvés, les innocents accusés à tort, les victimes d'erreur judicaire ou de la vindicte populaire. Il est d'instinct, à la barre, aux côtés de ceux que la société montre du doigt. « Défendre, à travers l'autre, la part écrasée de chacun d'entre nous », proclame-t-il. Quelle belle posture dans la vie ! J'ai débuté avec Franck ce livre d'entretiens dans le but d'éclairer le parcours d'un historien, de comprendre les ressorts secrets d'une vocation. Je le conclus, nourrie par nos échanges, plus riche encore de moi-même. Explorer l'intime en profondeur, c'est lever la barrière entre l'autre et soi, toucher du doigt, au-delà de nos différences, notre part semblable et s'agrandir de cette humanité commune.*

Puis-je vous avouer, Catherine, que j'aurai été, dans toute cette aventure, votre premier auditeur ? J'avais l'intention, lorsque nous avons commencé, de répondre le plus honnêtement possible aux questions que vous aviez à me poser sur mon enfance, afin d'éclairer certains aspects de mon parcours... Or, de chemins des écoliers en sentiers de traverse, il m'est apparu que je commençais à en apprendre davantage sur un inconnu qui n'était autre que moi-même. Je vous en ai dit beaucoup, je vous en ai dit trop peut-être ; l'énigme s'est éclaircie, mais si j'en juge par les questionnements qui me traversent, elle n'en demeure pas moins.

Merci de n'avoir pas — comme j'aurais pu ou voulu le faire moi-même — éteint ma part de mystère. Vous êtes une accoucheuse, pas un détective frénétique dans mon genre. Et c'est heureux !

La médium Yaguel Didier : « Franck voit le dessous des cartes »

« D'emblée, j'ai été frappé par son énergie subtile, par son aura bienveillante. Moi qui oublie facilement ces petites choses, je me souviens comme d'hier de notre première rencontre, lors d'un dîner très informel, pour l'anniversaire d'une amie commune. Je lui ai dit que je le voyais entouré d'une forêt de micros, ce qui l'a surpris, sans doute, mais — si je ne me trompe — ne lui a pas déplu. C'était des années avant son arrivée sur les ondes...

Franck est devenu pour moi comme une âme-sœur — nous partageons la même conception de ce qu'il peut y avoir d'invisible, d'imperceptible *a priori* dans le monde et dans la vie... Je dis parfois que la personne qui consulte un médium est partie prenante de la divination. Elle agit en quelque sorte comme une antenne, et facilite plus ou moins les visions. Avec Franck, j'ai trouvé si j'ose dire une antenne excellente *(elle rit)*. Empathique et bienveillant, mais en même temps soucieux de ne pas forcer le processus à l'œuvre, il laisse venir les images, et se manifeste peu : ni tout à fait muet, ni interventionniste. Son écoute me porte sans me gêner, nos séances, à propos notamment de grands personnages de l'Histoire, ont été souvent des succès. Je dirais que sa présence me donne du talent. Au fond, ce que j'apprécie tant chez lui, c'est son aptitude à cerner l'ambivalence des situations. Avec Franck, rarement de blanc ou de noir ; mais tout un camaïeu de gris. À ses yeux, un phénomène n'est pas bon ou mauvais en soi ; il est à la fois bon et mauvais, en fonction des perspectives que l'on adopte. Sa vision du destin me paraît détendue, car dépourvue

d'attentes. Il pourrait prendre pour devise : "Fais ce que dois, advienne que pourra." Et il me semble que, dans son apprentissage du détachement, le décès de sa maman a joué un grand rôle ; un peu comme si, depuis lors, rien ou presque n'avait plus réellement prise sur lui...
Que vous dire encore de Franck ? Qu'il fait du bien à ses amis, comme à ses auditeurs. Sa voix envoutante, son talent de conteur libèrent celui qui l'écoute du poids du réel. J'aime beaucoup cette capacité qu'il a acquise d'épouser ses personnages, d'incarner leur humanité profonde. J'irais même plus loin : si Franck possède un don, c'est celui de voir le dessous des cartes, d'aller volontiers bien au-delà des apparences. Son esprit de synthèse, allié à une grande sensibilité et à cette culture que vous connaissez, fait de lui un enquêteur de premier ordre, capable d'élucider les énigmes et de saisir les ressorts secrets des grands acteurs du monde. Oui, c'est cela, Franck : un être doué de raison et sensible au mystère, une personne capable à la fois d'analyse et d'émerveillement, de logique et de fantaisie. Un homme qui a su se construire, s'accomplir en préservant sa part d'enfance. »

L'Album de famille

1. Mes grands-parents maternels, Raymond et Monique, juste au lendemain de la guerre ; ils ont une vingtaine d'années.

2. Ma grand-mère paternelle, Yvonne, avant la naissance de mon père en 1935.

3. Mes parents sur les marches de l'église, le jour de leur mariage, le 2 août 1965. La demoiselle d'honneur est Corinne, la jeune cousine germaine de ma mère.

4. Mon grand-père paternel, Jean, et sa seconde épouse, Odette, me tiennent dans leurs bras, en 1968, dans l'appartement qu'ils ont habité un temps près de la boutique cédée à mon père, rue de la Tranchée à Poitiers.

5. Le magasin tel qu'il était du temps de mon grand-père, entre 1952 et 1971.

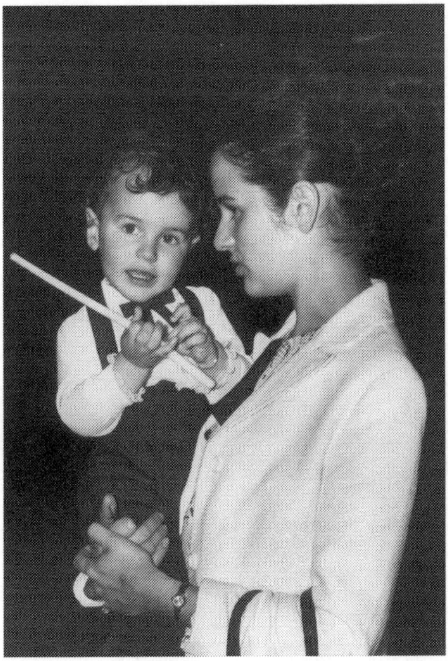

6. Dans les bras de ma mère, le jour du baptême de mon cousin germain Frédéric, à Paris, en 1969.

7. En aube, le jour de ma communion, en juin 1979, sur les marches menant à la cathédrale Saint-Pierre de Poitiers.

8. L'intérieur du magasin refait, selon les souhaits de mon père, à l'été 1971.

9. Avec mon oncle Robert en Tunisie, devant les arènes romaines d'El-Jem, l'été 1987.

10. Devant le château de Vaux-le-Vicomte, en août 1985.

11. Avec Nicolas, mon frère, rue du Faubourg-Saint-Honoré, au printemps 2004.

12. Avec un des dauphins de l'hôtel Le Mirage, à Las Vegas, l'été 2012.

13. Sur la scène du théâtre Antoine, à Paris, lors d'une des premières représentations de « HistoireS », en novembre 2016.

Table des matières

Composition et mise en pages
Nord Compo à Villeneuve-d'Ascq

Achevé d'imprimer en France en septembre
par Normandie Roto Impression s.a.s.
61250 Lonrai
N° d'impression : 1904143
Dépôt légal : octobre 2019